Doreen Köstler

Band 2 **Süd-Ost**

Die NRW-Radtouren

Die 24 schönsten Tagesrouten der NRWRADTOUR entlang an Seen, Flüssen und Sehenswürdigkeiten

WEST LOTTO NRW Stiftung WDR 4

Jedes Jahr freuen sich Hunderte Radlerinnen und Radler auf das große Ereignis der NRWRadtour - organisiert von WestLotto, der NRW-Stiftung und WDR 4.

WEST LOTTO | NRW Stiftung | WDR 4

Band 2 **Süd-Ost**

Liebe Leserinnen und Leser,

ob steigungsarm auf stillgelegten Bahntrassen, an idyllischen Seen und Flüssen oder auf und ab durch bergige Landschaften, vorbei an historischen Architekturkleinoden: Nordrhein-Westfalen lässt sich bestens mit dem Rad erkunden. Das wissen auch die Teilnehmer der beliebten NRWRadtour, die sich jedes Jahr auf dieses viertägige Sporterlebnis mit Gleichgesinnten freuen, das von WestLotto in Zusammenarbeit mit der NRW-Stiftung und dem WDR 4 organisiert wird.

Fahrtwind auf der Haut und die Natur als ständige Begleiterin: Dabei kann man perfekt die reiche Geschichte, Kultur und Kulinarik Nordrhein-Westfalens entdecken. Genau dazu lädt Sie dieses Buch auf den Spuren der NRWRadtour ein: Lassen Sie beispielsweise am Gradierwerk Werl die Seele baumeln und atmen die gesunde Salinenluft ein. Bewundern Sie den restaurierten Marienschrein im Aachener Dom, steigen Sie in die Dechenhöhle in Iserlohn hinab oder auf Schloss Drachenburg in Königswinter hinauf. Genießen Sie kulinarische Wohlfühlpausen und stimmungsvolle Momente entlang des Wegs. Jede einzelne der auf den Folgeseiten vorgestellten Touren ist auf ihre Art schön: Eine ist vielleicht eher eine Tour de Natur zum meditativen Dahinrollen, auf einer anderen kommen Sie wegen unzähliger Must-sees gefühlt gar nicht richtig ins Treten. Radeln Sie einfach mit wachen Sinnen und offenem Herzen durch den Süden und Osten von NRW – ich bin mir sicher, Sie werden noch viel mehr und anderes Schöne erleben.

Eine Besonderheit jeder NRWRadtour ist, dass die Radler entlang der Strecke zahlreiche Natur- und Kulturprojekte kennenlernen, die von der Nordrhein-Westfalen-Stiftung Naturschutz, Heimat- und Kulturpflege – kurz **NRW-Stiftung** – auch mit Lotteriegeldern von **West-**

Lotto gefördert werden. Natur, Heimat, Kultur: Diesen Dreiklang zu bewahren – dafür setzt sich die NRW-Stiftung seit 1986 ein, als sie zum 40. Geburtstag des Bundeslandes gegründet wurde. Ihr ist es wichtig, dass NRW so schön bleibt, wie es ist: mit sehenswerter Industriekultur, prachtvollen Schlössern, restaurierten Museen, vielen Pflanzen und Tieren. Finanziert wird die Arbeit aus Lotteriemitteln von WestLotto, hinzu kommen Spenden und Mitgliedsbeiträge des Fördervereins der NRW-Stiftung mit mehr als 8.000 Mitgliedern. **www.nrw-stiftung.de**

WestLotto mit Sitz in Münster veranstaltet seit über 65 Jahren mit Genehmigung des Landes Lotterien und Sportwetten in über 3.000 Annahmestellen. Jedes Jahr erwirtschaftet WestLotto einen hohen dreistelligen Millionenbetrag, der an das Land NRW fließt. Ein bedeutender Teil der Gelder wird von dort an gemeinwohlorientierte Institutionen verteilt und trägt so zur Unterstützung von Wohlfahrt, Kultur, Sport sowie Denkmal-, Natur- und Umweltschutz bei. Aus den Lotterieerträgen wird seit über 30 Jahren insbesondere auch die NRW-Stiftung unterstützt. **www.westlotto.de**

Die schönsten Ecken Nordrhein-Westfalens mit dem Rad erkunden: Das ist auch ganz im Sinn von **WDR 4.** Bei der NRWRadtour sorgt der Radiosender für die musikalische Begleitung mit Lieblingshits der 80er und den größten Klassikern aus den 70ern und 60ern. Legendär sind die kostenlosen abendlichen „WDR 4 Sommer Open Airs", bei denen bereits Stars wie OMD, Kim Wilde und Sasha die Bühne gerockt haben. Das abwechslungsreiche Radioprogramm mit aktuellen Nachrichten und Informationen aus der Region ist sicher auch der richtige Begleiter, wenn einige der schönsten Routen der NRWRadtour aus diesem Buch nachgefahren werden. **www.wdr4.de**

Wichtig war allen an diesem Projekt Beteiligten, dass das Nachfahren für Sie so leicht wie möglich ist. Kerninformationen zu Strecke, Schwierigkeitsgrad und

Erlebniswert finden Sie jeweils auf den Einstiegsseiten, Icons erleichtern das Finden von besonderen Einkehrmöglichkeiten, Picknickplätzen und Aussichtspunkten. Als Startpunkte dominieren Bahnhöfe mit angrenzenden Parkmöglichkeiten. Das bringt mit sich, dass Sie zu Beginn und Schluss oft durch Innenstädte, Wohn- und Gewerbegebiete fahren. Glauben Sie mir: Selbst das hat seinen Reiz. Und auf manchen Strecken ist genau das das Salz in der Suppe. Aber natürlich können Sie überall in die Touren einsteigen und sie in der einen oder anderen Richtung absolvieren – die passende Textpassage mit Tipps zu Sehenswertem und kleinen Freuden am Wegesrand finden Sie in jedem Fall.

Egal, ob mit Tourenrad, Gravel-, Mountain- oder E-Bike: Die Strecken sind mit einer Länge von 40 bis 50 Kilometern als Tagestouren mit genügend Zeit für Sightseeing und Erholungspausen konzipiert. Die von uns vorgenommene Einstufung von Schwierigkeitsgrad und Familientauglichkeit ist natürlich immer subjektiv. Den flachen Niederrhein wird sicher kaum jemand als anstrengend empfinden, die Anstiege in Sauer- und Siegerland dagegen schon, der eine jedoch mehr als der andere. Letztlich können Sie Ihre Kondition und die Ihrer Kinder am besten einschätzen und eine entsprechende Strecke auswählen.

Noch ein Tipp zur GPS-Datei: Meine Lieblings-App ist Komoot, weil sie intuitiv bedienbar ist und sicher navigiert. Das Kartenmaterial muss zwar einmalig bezahlt werden, ist seinen Preis jedoch definitiv wert. Und stellen Sie die GPS-Daten in der Handy-App am besten auf „offline verfügbar". Dann wird nicht permanent eine Online-Verbindung gebraucht und Sie sparen Akkukapazität – falls Sie doch länger unterwegs sind, weil es an einem Fleckchen einfach besonders schön ist …

Ich wünsche Ihnen viel Freude beim Lesen, Radfahren und Entdecken dieser 24 Lieblingstouren!

Doreen Köstler

ERKLÄRUNG DER ICONS

Kilometerangabe der gesamten Strecke

reine Fahrzeit

Summe aller Höhenmeter bergauf und bergab

Erlebnis
●●●○○
Sehenswürdigkeiten, schöne Natur und Ortschaften

Familientauglich
●●●○○
Eignung für Kinder/Jugendliche mit durchschnittlichem Fitnessgrad

Schwierigkeit
●●●○○
Eignung für Erwachsene: von untrainiert bis durchtrainiert bei einer Windstärke bis 3 ohne Böen; Schwierigkeit mit E-Bike immer 2 Punkte weniger

GPS-DATEN-DOWNLOAD

Das Abfotografieren des QR-Codes mit Ihrem Smartphone genügt, um die GPS-Daten aller Touren dieses Buches runterzuladen. Passwort: TourenNRW+5

Liebe Radlerinnen, liebe Radler,

schön, dass Sie dieses Buch in der Hand haben. Seit 2009 gibt es die NRWRadtour, seit zehn Jahren darf ich dabei sein - radle entweder mit oder stehe abends auf der WDR-4-Bühne. Bereits im Winter notiere ich den Termin im Kalender, danach steigt von Monat zu Monat die Vorfreude, bis es endlich wieder so weit ist.

Die Menschen, die man jedes Jahr wiedertrifft, die schönen Ecken Nordrhein-Westfalens, die wir zusammen erkunden, und natürlich abends die „WDR 4 Sommer Open Airs" mit toller Livemusik: Das ist ein Erlebnis, auf das wir uns jedes Jahr gemeinsam freuen. Und schließlich dieses leichte Ziehen und Kribbeln in den Oberschenkeln, wenn die Tour fast geschafft ist und Sie den letzten Kilometer strampeln, wenn aus dem Feldweg langsam eine Straße in der Stadt wird. Ist das nicht immer wieder ein gutes Gefühl?

Damit Sie die NRWRadtour auf das ganze Jahr ausweiten können - allein oder mit der Familie und Freunden -, sind in diesem Band die schönsten Tagestouren im Süden und Osten Nordrhein-Westfalens zusammengefasst, vorbei unter anderem an Arnsberg, Detmold, Lippstadt und Bonn. Mit voller Muskelkraft und geschärftem Blick für Details sind dafür Radenthusiasten noch einmal alles abgefahren: Welche Geheimtipps gibt es entlang der Strecke? Wo eignet sich ein kleiner Waldweg, wo ist der Radweg an der Bundesstraße besser? Was hat sich bei den bekannten Sehenswürdigkeiten verändert? Das Ergebnis ist eine bunte Mischung, die Lust auf mehr macht.

Ich wünsche Ihnen viel Spaß auf Ihren Touren und immer eine gut gefüllte Trinkflasche!

Bastian Bender

BASTIAN BENDER
WDR-4-Moderator und seit 2012 bei der NRWRadtour mit Herzblut dabei

Welche der in diesem Buch vorgestellten Routen NRWRadtour-Fan Bastian Bender besonders begeistert hat? Und warum? Das erfahren Sie auf Seite 42.

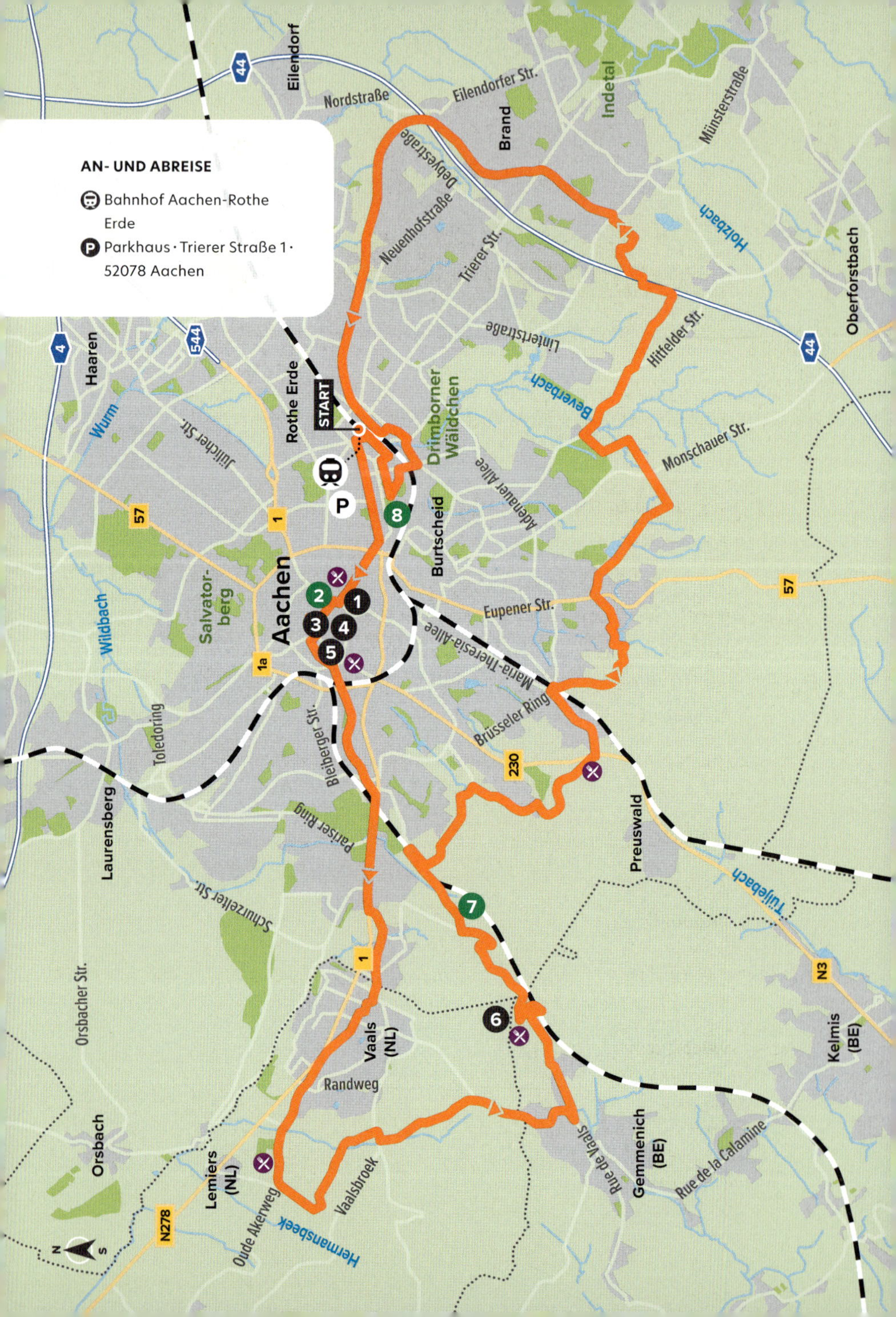
AN- UND ABREISE
Bahnhof Aachen-Rothe Erde
Parkhaus · Trierer Straße 1 · 52078 Aachen
START
Aachen
Eilendorf
Nordstraße
Eilendorfer Str.
Brand
Indetal
Münsterstraße
Debyestraße
Neuenhofstraße
Trierer Str.
Holzbach
Oberforstbach
Lintertstraße
Hitfelder Str.
Beverbach
Drimborner Wäldchen
Monschauer Str.
Adenauer Allee
Burtscheid
Haaren
Wurm
Jülicher Str.
Rothe Erde
Salvatorberg
Wildbach
Eupener Str.
Maria-Theresia-Allee
Brüsseler Ring
Toledoring
Bleiberger Str.
Laurensberg
Pariser Ring
Preuswald
Tüljebach
Schurzeliter Str.
Orsbacher Str.
Vaals (NL)
Randweg
Kelmis (BE)
Orsbach
Lemiers (NL)
Oude Akerweg
Vaalsbroek
Rue de Vaals
Gemmenich (BE)
Rue de la Calamine
Hermansbeek
44
4
544
57
1
1a
230
N3
N278
1
2
3
4
5
6
7
8
N
S

Aachen

Wer an Radeln durch die Eifel und das Dreiländereck rund um Aachen denkt, hat ein atemberaubendes Panorama, eine grüne Umgebung und sehr viel Klettern im Kopf. Und was soll ich sagen: Bei dieser Tour trifft einfach alles zu. Ihre Akkus und die vom Rad sollten also bis zum Anschlag gefüllt sein.

42,7 km
2:58 Stunden bei 14,4 km/h
560 Meter **560 Meter**

Auf Seite 6 finden Sie einen Hinweis, wo Sie die GPS-Daten kostenlos herunterladen können.

Erlebnis	●●●○○
Familientauglich	●○○○○
Schwierigkeit	●●●●●
Schwierigkeit E-Bike	●●●○○

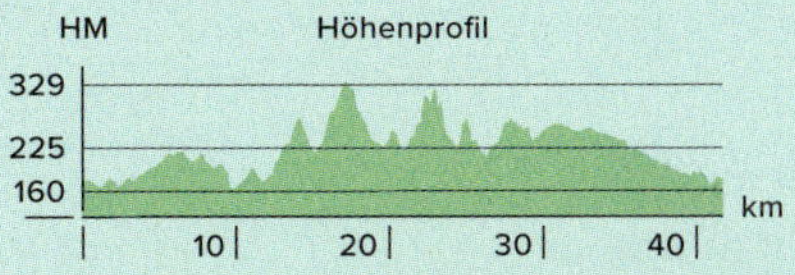

SEHENSWÜRDIGKEITEN
GEFÖRDERT VON DER NRW-STIFTUNG

1. Elisenbrunnen
2. Marienschrein · Aachener Dom · Domhof 1 · 52062 Aachen
3. Puppenbrunnen
4. Katschhof
5. Rathaus
6. Labyrinth „Dreiländereck"
7. NABU-Naturschutzstation, Streuobstwiesen „Am Türmchen"
8. Burg Frankenberg · Goffartstraße 45 · 52066 Aachen

Selbst bei anspruchsvollem Profil fährt die gute Laune bei der NRWRadtour immer mit.

SCHLAUCHAUTOMAT
• Velo - Räder, die bewegen • Karlsgraben 69 • 52064 Aachen

E-BIKE-LADESTATIONEN
• Stawag • Nieuwe Hertogenweg 54 • 6291 BP Vaals (Niederlande)
• Vennbahncenter • Trierer Straße 688 • 52078 Aachen

Zu Beginn oder am Ende die bekanntesten Sehenswürdigkeiten Aachens entdecken? Oder eher fifty-fifty? Oder von vornherein mit einem zusätzlichen Tag in die Tourverlängerung gehen? Die Entscheidung liegt ganz bei Ihnen. Ein Blick auf das Profil verrät Ihnen, dass es zwischen den Kilometern 10 und 28 ordentlich hoch und runter geht. Anstiege eins und vier fordern mit bis zu 9 Prozent Steigung, Anstiege zwei und drei legen mit in der Spitze 21 und 15 Prozent eine richtige Schippe drauf. Da kommt es auf gute Kondition, Kraft in den Beinen und Geduld beim Hochkurbeln an. Und beim Hinunterfahren auf volle Konzentration, die Hände an der tipptopp funktionierenden Bremse und einen aufmerksamen Blick auf den Weg. Grundsätzlich gilt: Sicherheit geht vor! Ist Ihnen das eine oder andere Stück zu riskant, schieben Sie lieber. Schließlich wollen Sie die Radtour genießen und in schöner Erinnerung behalten.

Die ersten Kilometer führen Sie durch Aachener Stadtgebiet und an Top-Sehenswürdigkeiten der Kaiserstadt vorbei. Beispielsweise am klassizistischen **Elisenbrunnen.** 1 An den zwei Trinkbrunnen rechts und links der offenen Wandelhalle treten die heißen Quellen der Kur- und Badestadt Aachen sichtbar zu Tage. Die wussten schon die alten Römer zu schätzen und auch Karl der Große soll vor allem wegen ihnen seinen Herrschersitz nach Aachen verlegt haben. Nach seiner Zerstörung im Zweiten Weltkrieg wurde der Elisenbrunnen Anfang der 1950er-Jahre originalgetreu wieder so aufgebaut, wie ihn Karl Friedrich Schinkel zu Beginn des 19. Jahrhunderts errichtet hatte.

Der Marienschrein ist eine der bedeutendsten Goldschmiedearbeiten des 13. Jahrhunderts.

Kurz darauf radeln Sie auf das Wahrzeichen der Stadt zu: Mächtig und außen wie innen prächtig erhebt sich das UNESCO-Weltkulturerbe **Aachener Dom** vor Ihnen. Über Jahrhunderte war er die Krönungsstätte deutscher Könige und Kaiser und seit 1349 findet hier alle sieben Jahre die Aachener Heiligtumsfahrt statt, bei der vier Reliquien aus dem goldenen **Marienschrein** 2 präsentiert werden: das Kleid Marias aus der Nacht, in der Jesus geboren wurde, die Windeln von Jesus, das Enthauptungstuch von Johannes dem Täufer sowie das Lendentuch Jesus', das er am Kreuz getragen haben soll. Nach zehn Tagen werden die Heiligtümer wieder in Schmucktücher gehüllt und im Marienschrein, einer der bedeutendsten Goldschmiedearbeiten des 13. Jahrhunderts, verwahrt.

INFO Für die Besichtigung dieses architektonischen Meisterwerks braucht es vor allem eines: viel Zeit. Gut, dass das die Öffnungszeiten ermöglichen: Von April bis Dezember ist der Dom täglich von 7 bis 19 Uhr, von Januar bis März von 7 bis 18 Uhr geöffnet.

Darf es jetzt etwas für den Magen sein? Deftig geht es im **Hanswurst** zu. Egal, ob Brat-, Curry-, Käse- oder Veggiewurst oder Oecher Puttes (eine würzige Blutwurstspezialität) - auf der Karte ist für jeden Geschmack etwas dabei. Einen Koffeinkick holen Sie sich, wenn Sie am Puppenbrunnen nach rechts kurz die Strecke verlassen: Bei **Leni liebt Kaffee** gibt es nicht nur selbst geröstete Kaffeespezialitäten, sondern Frühstück den ganzen Tag, frisch gebackene Kuchen und andere Köstlichkeiten. Apropos **Puppenbrunnen:** 3 Die beweglichen Figuren vom Bischof über den Professor und die Stadtmusikanten bis zum Clown erzählen Ihnen etwas über Aachen und seine Bewohner.

Die Bronzefiguren symbolisieren verschiedene Charaktere, die für Aachen typisch sind.

Umgeben von Dom, Rathaus und dem „Centre Charlemagne - Neues Stadtmuseum Aachen" erleben Sie auf dem **Katschhof** 4 eine ganz besondere Atmosphäre. Hier finden auch die schönsten und größten Veranstaltungen statt: der „WeinSommer", der Altstadttrödel- und der Weihnachtsmarkt. Historisch gesehen war der Katschhof der Innenhof der Pfalz Karls des Großen. Der Name leitet sich von „Kaxhoff" ab, denn früher stand hier der Pranger, der damals „die Kaks" genannt wurde. Von den Treppen am **Rathaus** 5 haben Sie übrigens einen einzigartigen Blick auf den Dom. Vielleicht

Spontan spritzende Wasserwände sorgen im Labyrinth „Dreiländereck“ für Abkühlung.

gönnen Sie sich noch einen Kaffee im **Café Karls** oder auf der Terrasse des **Ratskellers?**

Ein bisschen Strecke im Schnelldurchlauf: Stadtgebiet, grüner Westpark, wieder Stadtgebiet. Und ruckzuck sind Sie erst im holländischen Vaals, dann im Örtchen Holset. Jetzt beginnen die bereits beschriebenen Bergetappen. Kehren Sie für eine letzte Stärkung gern im **'t Klükske** ein – Sie radeln daran vorbei. Der lustige Name leitet sich von dem Geräusch ab, das die seltene Hebammenkröte, die hier lebt, von sich gibt: Deren Ruf klingt wie „klük“. Auf den Teller kommen kleine Snacks und feine Gerichte mit Gemüse, Fisch oder Fleisch; Donnerstag und Freitag sind Ruhetage, sonst ist ab 11 Uhr geöffnet.

Jetzt geht es immer wieder hoch hinaus und steil bergab. Irgendwann überqueren Sie mitten im Wald die niederländisch-belgische Grenze – denn wenn schon Dreiländereck, dann bitte auch komplett! Haben Sie trotz der kräftezehrenden Anstiege und der noch vor Ihnen liegenden Strecke Lust auf einen kleinen Abstecher? Biegen Sie am **Monument GTH Battalion Belgium** links zum **Labyrinth „Dreiländereck“** 6 ab. Bei Ihrem Weg durch den Irrgarten schenken Ihnen spontan spritzende Wasserwände die eine oder andere Abkühlung. In der gemütlichen **Taverne** oder auf den Terrassen genießen Sie am besten Limburger Vlaai, eine lokale Kuchenspezialität.

Mit glücklichem Bauch und erholten Beinen geht es weiter durch Wälder und Felder, hoch und runter, bis Sie an der Kreuzung Hasselholzer Weg und Preusweg ankommen. Folgen Sie dem Preusweg nach links, können Sie einen Stopp an der **NABU-Naturschutzstation**

SEHENSWERTES AM WEGESRAND In Vaals können Sie eine überregional bekannte Glasbrennerei besuchen. Das über 300 Quadratmeter große Geschäft lässt das Herz von Glasliebhabern höherschlagen: Neben Objekten, die Meister Gerardo Cardinale selbst zaubert, finden Sie eine breite Auswahl bekannter Marken. www.glasblazerij-gerardo.nl

INFO Informationen zu den Öffnungszeiten und Kosten finden Sie unter www.drielandenpunt.nl.

Aachen einlegen und sich über deren Engagement für Flora und Fauna informieren. Dazu zählen unter anderem **Streuobstwiesen** 7 als schützenswerte Kulturlandschaften wie die an der historischen Grenzanlage **„Am Türmchen"** beim Vaalserquartier. Mit einer Größe von über 5 Hektar und mehr als 200 Obstbäumen ist das die größte Streuobstwiese in Aachen, auf der durch die Kombination der hochstämmigen Bäume mit großzügigen Wiesenflächen ein vielfältiger Lebensraum für Tiere und Pflanzen entsteht.

Nach etwa 23 Kilometern haben Sie die steilsten Anstiege geschafft. Wollen Sie die Belohnungsabfahrt kurz unterbrechen? Vor der Lütticher Straße (B 264) lädt rechter Hand die **Waldschenke** zur ausgedehnten Rast im Biergarten oder Restaurant ein. Egal, ob es gerade nur ein spritzig-erfrischendes Radler oder doch etwas richtig Sättigendes sein soll: Sie finden das Passende. Oder klingt ein Limoncello-Tiramisu wie für Sie gemacht?

INFO Montags ist Ruhetag, an den anderen Wochentagen öffnet die Waldschenke von 12 Uhr bis in den späten Abend ihre Türen.

Noch ein paar Wellen, dann dürfen Sie sich ab etwa Kilometer 33 auf gemächliches Bergabrollen freuen: In Aachen-Brand biegen Sie auf den Vennbahnweg, der mit insgesamt 125 Kilometern einer der längsten Bahntrassen-Radwege Europas ist, und radeln darauf mit konstant 2 Prozent Neigung bis zur Trierer Straße. Ja, eigentlich sind Sie wieder am Bahnhof. Aber trotz aller bisherigen Anstrengung möchte ich Sie einladen, auf der Strecke zu bleiben und sich noch die **Burg Frankenberg** 8 aus dem 13. Jahrhundert anzusehen. Um dieses Gemäuer ranken sich zahlreiche Legenden - in einer spielen Karl der Große und seine dritte Frau Fastrada die Hauptrollen. Beziehungsweise ein Ring, der Fastrada ewig an Karl binden sollte. Nach ihrem Tod fand Bischof Turpin den Ring und warf ihn in den Burggraben. Seitdem soll der Geist Karls die Burg Frankenberg immer wieder aufsuchen. Heute ist die ehemalige Wasserburg, von der nur das Haupthaus erhalten ist, ein beliebtes Kulturzentrum, wunderschön gelegen im Frankenberger Park.

Der Legende nach spukt der Geist Karls des Großen auf Burg Frankenberg.

Erholen Sie sich gut von dieser Tour - Sie können sehr stolz auf sich sein, sie so bravourös gemeistert zu haben!

AN- UND ABREISE

Bahnhof Arnsberg

Parkplatz Bahnhof Arnsberg

SCHLAUCHAUTOMAT

- Quadflieg · Heinrich-Lübke-Straße 11 · 59759 Arnsberg

E-BIKE-LADESTATION

- Parkplatz am Möhnesee · Möhnestraße 8 · 59519 Möhnesee

2

Arnsberg

50 Kilometer, knapp über 400 Höhenmeter, drei saftige Anstiege, teils schwer befahrbare, schottrige Wege: Diese Tour ist eher für konditionell starke Radler. Und die Reifen sollten über ein gutes Profil für reichlich Grip verfügen. Dann kann man urbanes Leben und Natur in vollen Zügen genießen.

50,1 km

3:37 Stunden bei 13,9 km/h

410 Meter **410 Meter**

Auf Seite 6 finden Sie einen Hinweis, wo Sie die GPS-Daten kostenlos herunterladen können.

Erlebnis	●●●○○
Familientauglich	●○○○○
Schwierigkeit	●●●●●
Schwierigkeit E-Bike	●●●○○

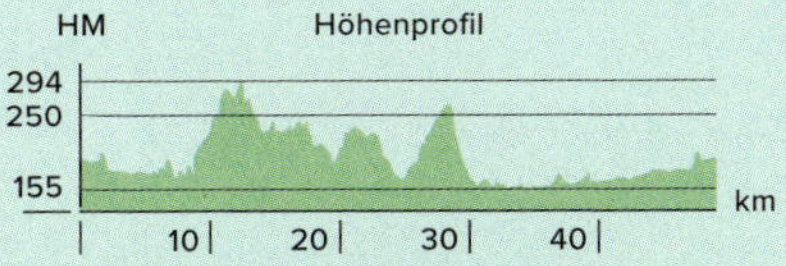

SEHENSWÜRDIGKEITEN

GEFÖRDERT VON DER NRW-STIFTUNG

1. Innenstadt Arnsberg
2. Naturpark Arnsberger Wald · 59519 Möhnesee
3. Möhnetalsperre
4. Liz Landschaftsinformationszentrum Wasser und Wald Möhnesee · Brüningser Straße 2 · 59519 Möhnesee
5. Rodentelgenkapelle · Rodentelgenstraße 21 · 59759 Arnsberg
6. Sauerland-Museum

SEHENSWERTES AM WEGESRAND

Der Wald als Geschichtsbuch: Das ist die Idee hinter dem Themenwanderweg „Kurfürstlicher Thiergarten". Auf über 40 Stationen entlang des 12 Kilometer langen Rundwegs erfahren Sie, wie der Wald von Menschenhand geformt wurde. Ein guter Einstiegspunkt ist an der Jägerbrücke über die Ruhr.

Schon bei der Anreise sehen Sie von Weitem den historischen **Stadtkern von Arnsberg** 1 auf einem Bergrücken in einer Ruhrschleife. Romantisch verwinkelte Gassen mit wunderschönen Fachwerkhäusern, die sich an den Glockenturm schmiegen, bezaubernde Kapellen, die Ruine des aus einer Grafenburg entstandenen Arnsberger Schlosses und ein ehemaliges Kloster laden zu einem ausgiebigen Spaziergang ein. Ein Stückchen weiter präsentiert das Klassizismusviertel an der Twiete mit preußischer Geradlinigkeit geradezu ein Kontrastprogramm: In den ehemaligen Gärten der Berliner Beamten - ab 1819 gehörte Arnsberg zu Preußen und wurde Regierungssitz - zeugen aufwendig renovierte Pavillons von Preußens Glanz und Gloria.

Ein Stückchen an der Ruhr entlang, die sich insgesamt 30 Kilometer durch die Stadt schlängelt, kommen Sie dem **Naturpark Arnsberger Wald** 2 näher und näher. Teils radeln Sie auf Schotterwegen, teils auf Radwegen, Bahnlinien, Wohn- und Gewerbegebiete säumen die Strecke. Auf dem Eichenkamp unterqueren Sie die A 46 und sind endlich im Grünen. Atmen Sie noch mal tief ein und durch, lockern Sie die Beinmuskeln und nehmen einen großen Schluck aus der Trinkflasche! Jetzt geht es nämlich mit 6 bis 12 Prozent Steigung bergauf - Waldwege leiten Sie durch die Naturschutzgebiete Wollbergsiepen, Kuhpfadsiepen und Hevearm. Je nach vorherigem Wetter sind die schon mal nass und matschig, mit Spurrillen durch Waldarbeiten müssen Sie auf jeden Fall rechnen. Auch die Abfahrt auf eher grobem Schotter ist nicht ohne, bitte Vorsicht! Steigen Sie im Zweifel lieber ab und schieben ein Stückchen.

Nun haben Sie das Naturschutzgebiet Hevesee im südlichen Teil des Möhnesees erreicht. Hier münden die beiden kleineren Flüsse Heve und Kleine Schmalenau, an den schlammigen Ufern können Sie zur Zugzeit mit etwas Glück Watvögel wie den Walduferläufer beobachten. Auf leicht welligem Profil radeln Sie auf dem Südlichen

Randweg zur Staumauer der **Möhnetalsperre.** 3 Bevor Sie die Staumauer überqueren, lohnt sich ein Boxenstopp zum Ausruhen und Stärken am **Imbiss „Zur Taucherbucht“,** der nicht nur für seine hausgemachten Eintöpfe bekannt ist.

Der Gang über die Krone der Staumauer - Fahrrad bitte schieben! - vermittelt Ihnen einen Eindruck von den unglaublichen Dimensionen: 40 Meter hoch, 650 Meter lang und mehr als 100 Jahre alt ist das imposante Bauwerk, das auch als das schwerste Nordrhein-Westfalens gilt. Und der Blick links zum Möhnesee, auch liebevoll „Westfälisches Meer“ genannt, macht ganz sicher Lust auf mehr. Vielleicht wollen Sie sich auf der **MS „Möhnesee“** im Sommer eine kühle Brise um die Nase wehen lassen oder im Herbst den Indian Summer des Arnsberger Waldes bestaunen? Und dazu vielleicht ein Stückchen Kuchen von der Bordkonditorei oder Deftiges für den größeren Hunger? Eine Rundfahrt dauert etwa eine Stunde, Tickets erhalten Sie auf der Staumauer oder - wenn der Shop dort geschlossen ist - direkt auf dem Schiff. Ihr Rad schippert übrigens kostenlos mit.

Unbedingt sehenswert ist das **Liz, das Landschaftsinformationszentrum Wasser und Wald Möhnesee,** 4 im Ortsteil Günne, das 1994 seine Türen öffnete. Auf etwa 250 Quadratmetern im historischen Gebäude einer ehemaligen Mühle laden verschiedene Erlebnisräume interaktiv zum intensiveren Kennenlernen von Wasser, Wald und Landschaft der unmittelbaren Umgebung ein. An Film-, Audio- und Mikroskopierstationen und

INFO Von Anfang November bis Ende Februar macht das Taucherbucht-Team Winterpause.

INFO Während der Saison von Ostern bis Ende Oktober fährt die MS „Möhnesee“ täglich zwischen 11 und 16 Uhr jeweils zur vollen Stunde von der Möhnetalsperre ab.

INFO www.liz.de ist Ihre erste Anlaufstelle, wenn Sie sich im Detail über alle Angebote, Projekte, Preise und Öffnungszeiten des Liz informieren möchten.

In Arnsberg wurde die Ruhr renaturiert und ihrem natürlichen Lauf überlassen. Der Radweg führt direkt am Wasser entlang.

Wassersäulen, bei virtuellen Reisen über die Möhne und beim Streifen durch die Kleinbiotope im Außenbereich vergeht die Zeit für kleine und große Besucher wie im Flug. Gut anderthalb Stunden sollten Sie für die Erlebnisräume im Liz einplanen.

In Günne wird die Streckenführung kurz etwas steiler – Anstieg Nummer zwei –, bevor Sie auf Wirtschaftswege abbiegen. Halten Sie ruhig kurz an und schauen zurück: Sie haben noch mal eine tolle Aussicht auf die Staumauer. Falls Sie sich für die nächsten Tourabschnitte stärken möchten, kehren Sie in Niederense im **Bistro „Dinelli's"** (an Sonn- und Feiertagen ab 11 Uhr geöffnet) oder im **Gasthaus „Himmelspforten"** ein (sonntags Mittagstisch von 11.30 bis 14 Uhr).

Im weiteren Verlauf kurbeln Sie unermüdlich mit bis zu 5 Prozent Steigung Serpentinen hinauf, werden danach aber mit einer fantastischen langen Abfahrt belohnt, die die vorherige Anstrengung vergessen lässt. Über die Hälfte der Strecke liegt nun hinter Ihnen. Ein tolles Gefühl, oder? Durch Höing und an Feldern vorbei überqueren Sie auf einer kleinen Brücke die Möhne, umrunden Wohngebiete und ein riesiges Industrieareal und kommen – begleitet von der Möhne, die hier in die Ruhr mündet, und vom Verkehr auf der A 46 – in Arnsberg-Neheim an. Ob Sie einen Abstecher in die Innenstadt zum Bummeln, Shoppen und Genießen machen oder auf der Route bleiben, ist ganz Ihnen überlassen. Beides

Idylle pur: die renaturierten Ruhrauen bei Arnsberg-Neheim.

hat seinen Reiz: Für Neheim sprechen die unzähligen **Cafés** und **Restaurants,** die eine erholsame Pause versprechen. Folgen Sie der Tour, radeln Sie auf dem breiten Ruhrtalradweg und lassen sich im **R-Café** mit grandiosem Blick auf die Ruhr verwöhnen.
Weiter geht's entlang der Ruhr bis zur **Rodentelgenkapelle** 5 in Bruchhausen, außen und besonders innen ein echtes Schmuckstück. Wieder! Denn bis vor nicht allzu langer Zeit befand sich dieser Wallfahrtsort aus dem 15. Jahrhundert in solch einem desolaten Zustand, dass zu Beginn der 2000er-Jahre sogar ein Abriss zur Debatte stand. Glücklicherweise waren die Bruchhausener damit überhaupt nicht einverstanden. Sie unterbreiteten zahlreiche Vorschläge zur Rettung des Kapellchens und gründeten schließlich einen Förderverein. Und investierten 2.000 ehrenamtliche Arbeitsstunden in die Notsicherung. Inzwischen wurde die Kapelle innen wie außen aufwendig saniert und erstrahlt in neuem Glanz. Künftig erwartet die Besucher sogar ein Audioguide sowie ein Podcast mit der Rodentelgenkapelle als sprechendem Denkmal.
Bald darauf kommen Sie wieder in Arnsberg an. Haben Sie Lust auf richtig was im Magen und einen kleinen Absacker, bevor Sie sich auf den Heimweg begeben? Dann kehren Sie am historischen Arnsberger Neumarkt unbedingt bei den **Braubrüdern** ein. Hier genießen Sie deftige Sauerländer Spezialitäten und Bierkultur, die die Geschichte der Grevensteiner Brüder Carl und Anton Veltins wieder aufleben lässt. Oder steht Ihnen der Sinn nach noch etwas mehr Geschichte? Dann sollten Sie das **Sauerland-Museum** 6 ansteuern. Das befindet sich seit 1937 im Landsberger Hof, wurde aber bereits 1925 gegründet. In der Dauerausstellung wird die Geschichte der Region von der Altsteinzeit bis heute über Medienstationen, Filme und anschauliche Exponate vermittelt, Sonderausstellungen beschäftigen sich mit dem Wunder Wald (April bis Oktober 2023) und der regionalen Bierkultur (März bis Oktober 2024). Vorbeischauen lohnt sich!

2012 führte die NRWRadtour von Arnsberg über Soest, Paderborn und Bielefeld nach Gütersloh.

INFO Angebote für Groß und Klein entdecken Sie auf der Website des Museums: www.sauerland-museum.de.

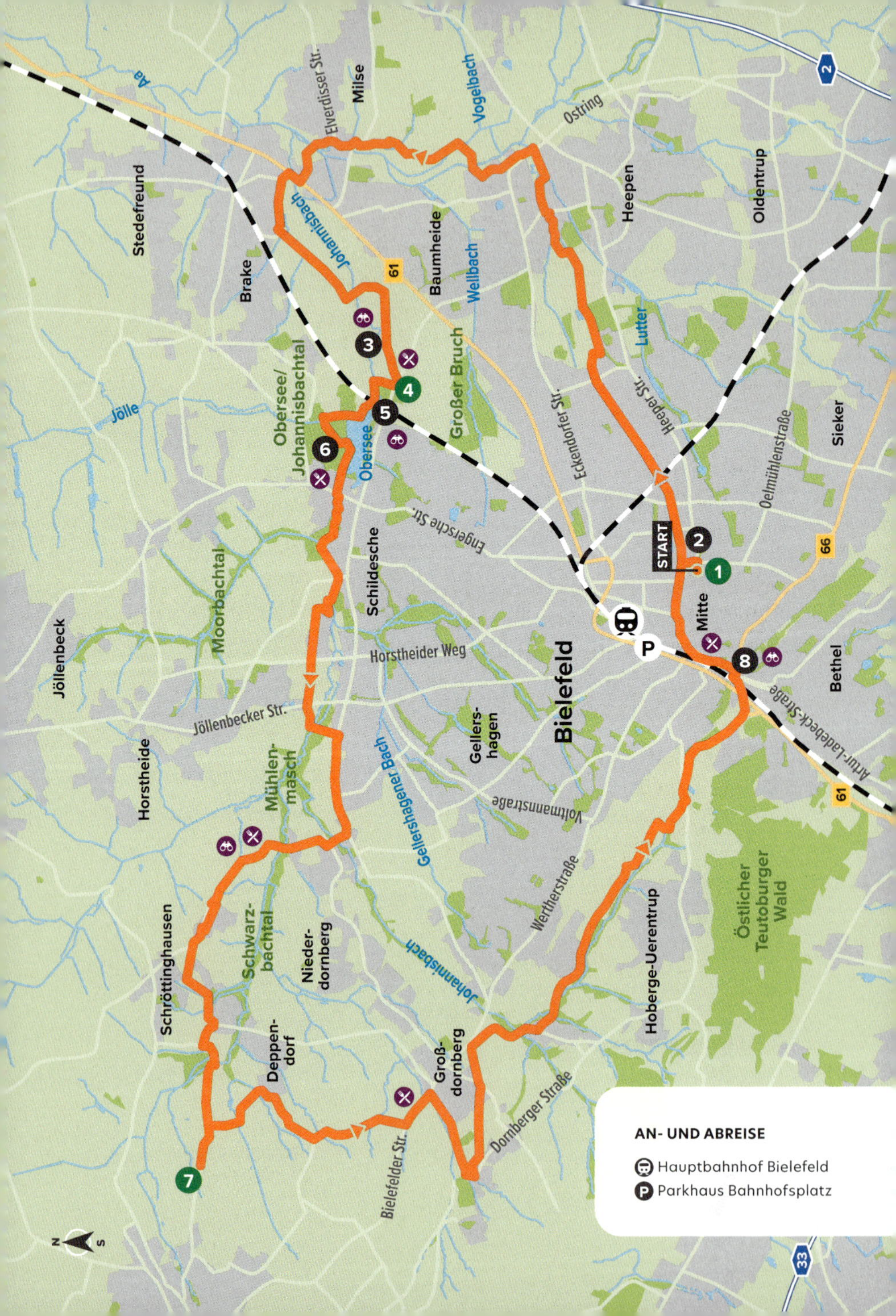

AN- UND ABREISE
Hauptbahnhof Bielefeld
Parkhaus Bahnhofsplatz
START
Bielefeld
Mitte
Bethel
Sieker
Oldentrup
Heepen
Ostring
Milse
Baumheide
Brake
Stedefreund
Jöllenbeck
Horstheide
Schröttinghausen
Deppendorf
Niederdornberg
Großdornberg
Hoberge-Uerentrup
Östlicher Teutoburger Wald
Schildesche
Gellershagen
Obersee/Johannisbachtal
Obersee
Großer Bruch
Moorbachtal
Mühlenmasch
Schwarzbachtal
Johannisbach
Gellershagener Bach
Jölle
Aa
Vogelbach
Wellbach
Lutter
Elverdisser Str.
Eckendorfer Str.
Heeper Str.
Oelmühlenstraße
Engersche Str.
Horstheider Weg
Jöllenbecker Str.
Voltmannstraße
Wertherstraße
Dornberger Straße
Bielefelder Str.
Artur-Ladebeck-Straße

3

Bielefeld

40 Kilometer lang, davon 50 Prozent flach und 50 Prozent wellig: So präsentiert sich diese durchaus fordernde Route. Wie gut, dass sich die Must-sees überwiegend auf ebenen Abschnitten befinden! Teilen Sie sich Ihre Kräfte dennoch gut ein und achten Sie darauf, Ihre Speicher immer wieder aufzufüllen.

40,4 km

2:37 Stunden bei 15,4 km/h

260 Meter ↗ **260 Meter** ↘

Auf Seite 6 finden Sie einen Hinweis, wo Sie die GPS-Daten kostenlos herunterladen können.

Erlebnis	●●●○○
Familientauglich	●●○○○
Schwierigkeit	●●●●○
Schwierigkeit E-Bike	●●○○○

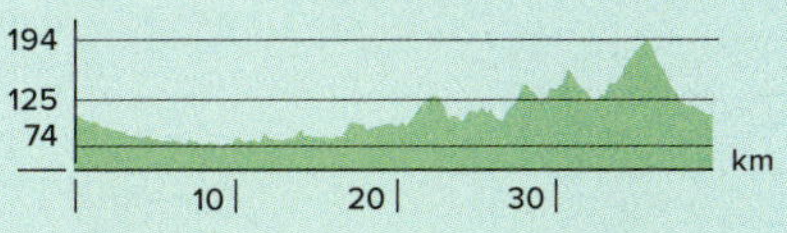

SEHENSWÜRDIGKEITEN

GEFÖRDERT VON DER NRW-STIFTUNG

1. Museum Wäschefabrik · Viktoriastraße 48a · 33602 Bielefeld
2. Ravensberger Park
3. Findlingsgarten
4. Halhof · Talbrückenstraße 142 · 33609 Bielefeld
5. Schildesches Viadukt
6. Global-Goals-Radweg
7. Museum Peter August Böckstiegel · Schlossstraße 109/111 · 33824 Werther (Westfalen)
8. Sparrenburg

INFO Heute gewährt die Fabrik sonntags von 11 bis 18 Uhr wieder Einlass. Individuelle Führungen sind auch außerhalb der Öffnungszeiten möglich. Vereinbaren Sie einfach einen Termin: 0521/60464.

E-BIKE-LADESTATIONEN

- Tierpark Olderdissen • Dornberger Straße 149a • 33619 Bielefeld
- Greenstation • Otto-Brenner-Straße 204 • 33604 Bielefeld

Bielefeld bietet Stoff für viele Geschichten - wobei „Stoff" durchaus wörtlich zu verstehen ist. Denn die Wäsche-, Bekleidungs- und Textilindustrie ist wie keine andere Branche fest mit der Historie der Stadt verbunden. Das erleben Sie direkt am Start im **Museum Wäschefabrik,** 1 das sich in einem Hinterhof in der Viktoriastraße im sogenannten Spinnereiviertel versteckt. Seit 1913 wurden in der Vereinigten Wäschefabrik Tisch- und Bettwäsche sowie Damenwäsche und Herrenhemden angefertigt, doch mit der letzten Schicht 1980 endete ein großes Kapitel Bielefelder Textilgeschichte. Heute ist sie ein begehbares Denkmal, in dem es wirkt, als ob die Zeit stehen geblieben ist: Überall liegen Stoffballen, Garnrollen und Schnittvorlagen herum. Alte Nähmaschinen scheinen nur zu pausieren, man hat geradezu ihr fleißiges Surren im Ohr und den Geruch von Bügelstärke in der Nase. Und das Auftragsbuch auf dem Schreibtisch liegt geöffnet parat, um weitergeschrieben zu werden. Eine wirklich einzigartige Atmosphäre, die Sie sich nicht entgehen lassen sollten!

Sitzen Sie später im Sattel, radeln Sie direkt durch das nächste textilgeschichtliche Areal: durch den **Ravensberger Park** 2 mit dem Ensemble der zwischen 1855 und 1857 erbauten Ravensberger Spinnerei. Im 19. und 20. Jahrhundert war sie eine der größten Flachsspinnereien Europas, ging jedoch in den 1960er-Jahren in Konkurs und steht seit 1972 unter Denkmalschutz. In den durch eine weitläufige Grünanlage eingefassten Gebäuden befinden sich heute unter anderem die Volkshochschule und das Historische Museum, in der alten Direktorenvilla ist die Kunstgewerbesammlung des Museums Huelsmann zu Hause und in der Villa des ehemaligen Betriebsleiters wird moderne Kunst ausgestellt.

Die Ravensberger Spinnerei gehörte zu den größten Flachsspinnereien Europas.

Die nächsten etwa 3 Kilometer führen Sie durch Wohngebiete, bis Sie die Heeper Fichten, ein kleines Bielefelder Naherholungsgebiet, erreichen. Bald darauf prägen Äcker,

Ein eindrucksvolles Bauwerk: das riesige Schildesche Viadukt.

große Wiesen- und Weidenflächen, kleine Waldstücke, Bäche, Kleinweiher und Feldhecken das Landschaftsbild, das seine Fortführung im unteren Johannisbachtal als einem der beliebtesten Naherholungsgebiete Bielefelds findet. Seit einigen Jahren ist hier auch eine Herde Heckrinder zu Hause, die Sie bei ihrem gemütlichen Zug über den Weidegrund beobachten können. Empfehlenswert ist ein Abstecher zum **Findlingsgarten** 3 im oberen Teil – biegen Sie auf Höhe des Reit- und Fahrvereins Brake einfach kurz nach rechts auf den Jerrendorfweg statt wie vorgegeben nach links ab. Nicht nur die 100 Findlinge, die in der letzten Eiszeit von Skandinavien den Weg hierher fanden, sind sehenswert: Von der Kuppe haben Sie einen fantastischen Blick auf Bielefeld.

Wieder zurück auf der Route radeln Sie kurz darauf am **Halhof** 4 vorbei. Auf dem ehemaligen, barrierefrei umgebauten Bauernhof verbringen Kinder mit und ohne Behinderung ihre Freizeit: Sie können auf großzügigen Grünflächen spielen, Natur gestalten und pflegen. Schulklassen besuchen den Halhof für Projekttage, aber auch Ferienfreizeiten kommen mit ihren Teilnehmern hierher, um im Heuhotel zu übernachten. In der zum Halhof gehörenden „Bielefelder Manufaktur" produzieren Jugendliche in berufsvorbereitenden Maßnahmen Apfelsaft und Honig und unterhalten sowohl einen Hofladen als auch ein kleines **Hofcafé.**

Jetzt unterqueren Sie eine Eisenbahnlinie – sind Sie ein paar Meter geradelt, halten Sie einfach kurz an und blicken zurück auf das **Schildesche Viadukt,** 5 das 1847 zweigleisig mit 28 Bögen fertiggestellt und 1917 durch eine Brücke ergänzt wurde. Insgesamt ist es

Gelebte Inklusion: Auf dem Halhof verbringen Kinder mit und ohne Behinderung ihre Freizeit.

Das denkmalgeschützte Künstlerhaus und das noch junge Museum vermitteln auf lebendige Art Leben und Werk des Expressionisten Peter August Böckstiegel.

400 Meter lang und 18 Meter hoch. Einen noch besseren Blick auf dieses Bauwerk genießen Sie von der Aussichtsplattform am Obersee, die ein Stückchen über die Wasserfläche hinausragt. In deren unmittelbarer Nähe befindet sich übrigens auch die Station 5 des **Global-Goals-Radwegs** 6 rund um Bielefeld, die dazu einlädt, sich mit nachhaltigem Konsum auseinanderzusetzen.

Wer viel radelt, muss gut essen. Und wer schon so viele spannende Dinge gesehen und erlebt hat, sollte entspannt einkehren, finden Sie nicht auch? Also höchste Zeit für eine Genusspause! Dafür sind der **Seekrug** und die Strandbar **„Düne 13"** am Obersee ideal geeignet. Unbedingt probieren sollten Sie die Hausspezialität Pickert, die in vielen leckeren Varianten auf der Speisekarte steht – Basis dafür ist immer ein Pfannkuchen aus Kartoffeln. Nebenbei gesagt: Etwas Erholung und eine gute Stärkung brauchen Sie für die zweite Hälfte der Tour, die Sie durch die Ausläufer des Teutoburger Walds führt.

INFO Wissenswertes zur Geschichte des Hofes Müdehorst und die aktuellen Öffnungszeiten finden Sie unter www.hofcafe-zur-muedehorst.de.

Entlang des Johannisbachs und vorbei an Wäldern und Wiesen bleibt die Route überwiegend ländlich, selbst wenn Sie hier und da Wohngebiete passieren. Haben Sie laut Navigation die 20-Kilometer-Marke hinter sich gelassen, wechselt ab der Mühlenmasch das Streckenprofil von flach zu wellig mit bis zu 5-prozentigen Anstiegen. Eine weitere wunderschöne Rastmöglichkeit eröffnet Ihnen das **Hofcafé zur Müdehorst** in einem der ältesten Höfe Bielefelds, auf dessen Gelände 789 sogar das erste Kloster in Westfalen gegründet wurde. Auf der Terrasse genießen Sie zum frisch gebackenen Kuchen einen sensationellen Blick auf das unter Naturschutz stehende Schwarzbachtal.

Ihr nächster Haltepunkt ist das **Museum Peter August Böckstiegel** 7 in Werther. Der 1889 in Arrode geborene Maler, Grafiker und Bildhauer Peter August Böckstiegel studierte zwar in Bielefeld und Dresden, kehrte aber nach der Zerstörung seines Ateliers und vieler seiner Werke 1945 in sein Elternhaus zurück, das er in leuchtendem Rot gestaltete. Sanfte Hügel, Wälder, kleinteilige Felder: Alles, was Sie auf dieser Tour landschaftlich bereits kennengelernt haben, hielt Böckstiegel in seinen Werken fest - er setzte eben das um, was ihn seit Kindheitstagen umgab. Nach seinem Tod 1951 konnten sich Besucher im Künstlerhaus mit Atelier seinem Leben und Schaffen nähern, als richtiges Ausstellungshaus war es jedoch zu klein. Seit 2018 ergänzt es deshalb ein „Museumsfindling" im hohen Gras einer Streuobstwiese, in dem Werke Böckstiegels und Sonderausstellungen zur klassischen Moderne präsentiert werden.

Tief durchatmen und Kräfte sammeln! Auf den nächsten knapp 10 Kilometern geht es auch ohne große Sightseeing-Abwechslung hoch her. Gönnen Sie sich ruhig Verschnaufpausen, sollte Sie der eine oder andere Anstieg etwas mehr aus der Puste bringen. Sind Ihre Speicher leer, füllen Sie sie beispielsweise im **Bauerngärtchen** wieder auf. Kilometer 36 ist die magische Zahl, ab der Sie nur noch bergab rollen. Sollten Sie vom Höhenmetersammeln noch nicht genug haben, kurbeln Sie unbedingt zur **Sparrenburg** 8 hinauf! Wann sie gebaut wurde, weiß niemand, nur ihre erste urkundliche Erwähnung im Jahr 1256 ist bekannt. Was aber sicher ist: Die Festungsanlage bietet einen herrlichen Blick über Bielefeld bis zum Teutoburger Wald. Steht Ihnen der Sinn nur noch danach, die Füße hochzulegen und die Tour bei einem kühlen Getränk Revue passieren zu lassen? Rund um den Alten Markt finden Sie unzählige **Restaurants, Cafés** und **Bistros** - da ist für jeden Geschmack etwas dabei.

INFO Erste Einblicke erhalten Sie auf der Museumswebsite www.museumpab.de. Außerdem finden Sie hier alle Informationen zu Sonderausstellungen und Öffnungszeiten.

TIPP Jedes Jahr am letzten Juli-Wochenende lockt das Sparrenburgfest zahlreiche Besucher auf die Burg. Die Festungsanlage verwandelt sich dann in ein mittelalterliches Spektakel mit Gauklern, Spielleuten, Händlern und Rittern.

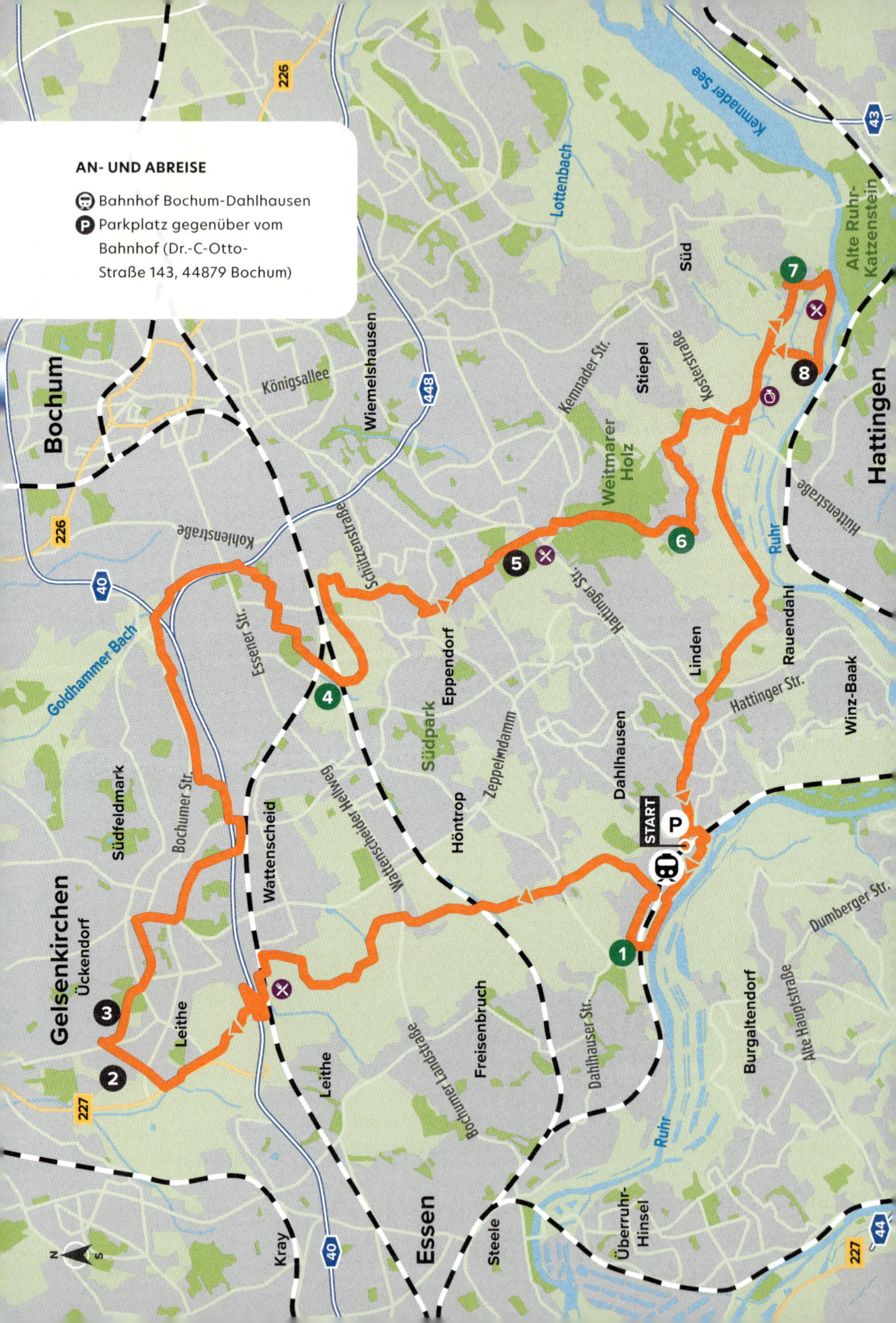

AN- UND ABREISE

Bahnhof Bochum-Dahlhausen

Parkplatz gegenüber vom Bahnhof (Dr.-C-Otto-Straße 143, 44879 Bochum)

4

Bochum

Ungeahnte Natur und imposante Industriekultur mit dem Rad erfahren: Dafür ist Bochum wie gemacht. Natürlich spüren Sie auch hier und da, dass die Stadt eine pulsierende Lebens- und Verkehrsader in der Metropolregion Ruhr ist. Aber ganz ehrlich: Auch dieses Erlebnis gehört einfach dazu.

42,4 km

2:42 Stunden bei 15,7 km/h

360 Meter **360 Meter**

Auf Seite 6 finden Sie einen Hinweis, wo Sie die GPS-Daten kostenlos herunterladen können.

Erlebnis	●●●●○
Familientauglich	●●●○○
Schwierigkeit	●●●○○
Schwierigkeit E-Bike	●○○○○

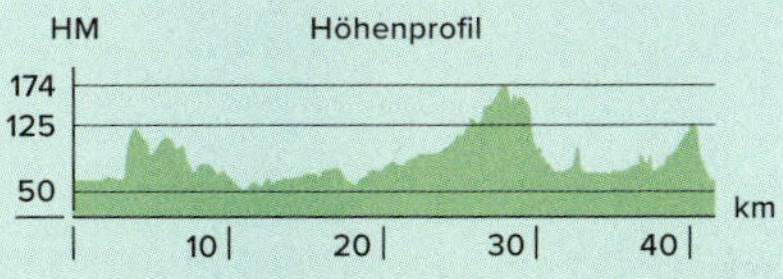

SEHENSWÜRDIGKEITEN
GEFÖRDERT VON DER NRW-STIFTUNG

1. Eisenbahnmuseum · Dr.-C.-Otto-Straße 191 · 44879 Bochum
2. Halde Rheinelbe
3. Zeche Holland
4. Bergbauwanderweg Höntrop-Eppendorf · 44869 Bochum
5. Schlosspark Weitmar
6. Sternwarte Bochum · Blankensteiner Straße 200a · 44797 Bochum
7. Dorfkirche Stiepel · 44797 Bochum
8. Blankensteiner Schleuse

INFO Bei Sonderfahrten reisen Sie wie vor 70 Jahren kreuz und quer durch den Ruhrpott und erleben markante Industriekultur. www.eisenbahnmuseum-bochum.de

SCHLAUCHAUTOMAT
• 2-Rad Napieralla • Wattenscheider Hellweg 82 • 44869 Bochum

E-BIKE-LADESTATION
• Brockhauser Straße 278 • 44797 Bochum

Vom Start ein kleiner Bogen über Bahnschienen - schon sind Sie an der Ruhr und folgen ihr etwa 2 Kilometer. Durch den Fuß- und Fahrradtunnel am Eisenbahnmuseum Bochum landen Sie genau dort: am **Eisenbahnmuseum** 1 am ehemaligen Bahnbetriebswerk Bochum-Dahlhausen, das als das größte privat geführte seiner Art gilt. Mehr als 120 Schienenfahrzeuge von 1853 bis in die Gegenwart werden präsentiert, manch historischer Schatz funktioniert sogar noch. Herzstück des denkmalgeschützten Geländes ist die 20-Meter-Drehscheibe mit Ringlokschuppen, Wasserturm und -kran sowie Bekohlungsanlage. Bei einem Rundgang durch die Ausstellung erhalten Sie einen Überblick über die Entwicklung der Eisenbahn und erfahren jede Menge Wissenswertes über die Entwicklung der dampfenden Riesen. Spannende Vorträge, Mitfahrten im Führerstand, Pendel- und Sonderfahrten runden das Angebot ab.

Landschaftlich reizvoll radeln Sie an Waldstücken, Feldern, Höfen und Reitanlagen vorbei. Das Profil ist hier etwas welliger, aber gut schaffbar. Zu Beginn des ersten Anstiegs fordern Pflastersteine etwas mehr Konzentration, die restliche Wegstrecke ist asphaltiert. Kurz hinter Sevinghausen passieren Sie ein altes Gehöft: Im **Helfshof,** dessen Grundstein um 1560 gelegt wurde, befindet sich ein kleines Heimatmuseum, das Wattenscheider Exponate und Dokumente zeigt. Geöffnet ist das Museum donnerstags bis sonntags von 11 bis 17 Uhr. Wenn sich die A 40 mit ihrem rauschenden Autoverkehr richtig in Hörweite befindet, lohnt sich nach rechts ein Abstecher in das Gewerbegebiet. Zumindest, wenn Ihr Herz bei Schokolade und Pralinen ein paar Takte schneller schlägt. Im **Schokoladenwerk Bochum by Confiserie Ruth** schauen Sie vom Bistro in die gläserne Produktion und erleben, wie süße Verführungen entstehen. Das absolute Highlight für Schokoholics: Ein Live-Konditor kreiert aus einer Auswahl von 30 Zutaten und drei Basissorten - also Vollmilch- oder Zartbitterschokolade oder weiße Schokolade - Ihre ganz persönliche Lieblingsschoki. Knapp 40 verschiedene Trüffel und Pralinchen, Marzipan- und Nugatträume lassen Ihnen noch dazu am Verkaufsstand die Qual der Wahl. Kurz im Sattel, könnten Sie wenig später an der **Halde Rheinelbe** 2 schon wieder absteigen, die der Künstler Herman Prigann in ein Kunstkonzept einarbeitete. Spiralförmig angeordnete Wege führen hinaus bis zur rund 10 Meter hohen **Himmelstreppe** aus 35 übereinandergestapelten Betonquadern. Und im Skulpturenwald schweben neu zusammengefügte alte Metallteile oder schlichte Betonklötze scheinbar schwerelos auf Holzpfählen - direkt an der Strecke steht beispielsweise die „Windwaage". Wenige Meter weiter entdecken Sie ein weiteres Stück Industriegeschichte: Das Fördergerüst über Schacht 4 der ehemaligen **Zeche Holland** 3 ist für viele das Wahrzeichen Wattenscheids. Um 2013 sollte es aufgrund seines schlechten Zustands abgerissen werden, was für einen Aufschrei der Entrüstung sorgte. Und der hat sich gelohnt, denn das Fördergerüst wurde restauriert. Die denkmalgeschützte Lohnhalle ist heute Teil eines Technologiezentrums, lediglich die alte Schachthalle musste abgerissen werden.

Jetzt wird es deutlich urbaner und lauter: Sie passieren Wohn- und Gewerbegebiete und haben immer wieder die A 40 vor Augen und in den Ohren. Wie schon gesagt: Auch das ist nun mal Ruhrpott. Kurios wird es allerdings am Westkreuz in Bochum, denn auf der linken Seite des Wegs steht die wohl unnötigste Aussichtsplattform Deutschlands mit der hässlichsten Aussicht - nämlich auf die Autobahn. Sie fahren also besser zügig weiter, die Route führt Sie nun ein Stückchen unter der nächsten Autobahn entlang. Dann wird es wieder richtig grün und erholsam.

Nach einer kleinen Bahnunterführung sind Sie mitten in idyllischer Natur am **Bergbauwanderweg Höntrop-Eppendorf,** 4 der einer der kürzesten Themenwege im Ruhrgebiet ist. Auf dem Rundweg gibt es 14 Stationen mit Schautafeln, an denen Sie Überbleibsel alter Industrie bestaunen und viel Wissenswertes über den Ruhrbergbau zwischen 1738 und 1961 erfahren. Übrigens:

INFO Nichts wie hin, ins Schokoladenwerk! Am besten erst mal online, um die Öffnungszeiten zu checken: www.confiserie-ruth.de.

Auf dem Bergbauwanderweg bestaunen Sie Überbleibsel alter Industrie und erfahren an Schautafeln Wissenswertes über den Ruhrbergbau.

Die Ruine von Haus Weitmar und der in ihr errichtete Kubus schaffen eine spannende Symbiose aus altem Gemäuer und moderner Glasfassade.

Den Bergbauwanderweg können Sie auch wunderbar mit dem Rad erkunden.

Ein nächster empfehlenswerter Halt ist der **Schlosspark Weitmar** 5 mit seinen zum Teil jahrhundertealten Bäumen. Bereits im 11. Jahrhundert wurde an dieser Stelle ein Bauernhof urkundlich erwähnt, aus dem in der zweiten Hälfte des 15. Jahrhunderts ein Rittergut entstand. 1592 wurde daraus ein Wasserschloss, dessen Ruine heute noch zu sehen ist. Der Clou: In ihr steht ein viergeschossiger, etwa 800 Quadratmeter großer Kubus, der für Ausstellungen und Kulturveranstaltungen genutzt wird, gleichzeitig aber auch die unter Denkmalschutz stehende Ruine sichert. Ergänzt wird der Kubus unter anderem durch das **Museum unter Tage,** in dessen gut 4 Meter hohen unterirdischen Räumen die Dauerausstellung „Weltsichten – Landschaft in der Kunst seit sechs Jahrhunderten" gezeigt wird. Am Ende des Weitmarer Holzes – ein Wald, der fast direkt an den Schlosspark angrenzt – lädt Sie das **Forsthaus** zum Verweilen und Genießen im Grünen ein. Egal, ob Sie klassische Küche oder junge, kreative Gerichte bevorzugen: Sie werden begeistert sein.

INFO Die Öffnungszeiten variieren saisonal, aber die Website verrät Ihnen Genaueres. www.forsthaus-bochum.de

Bald wird vor Ihnen eine 40 Meter hohe Tragluftkuppel sichtbar, die eine 20 Meter große Parabolantenne schützt. Das ist das Herzstück der **Sternwarte Bochum,** 6 die 1903 offiziell eröffnet wurde und inzwischen als Ort der Forschung und Lehre zur Ruhr-Universität gehört. Weltweit bekannt ist sie, weil hier 1957 zuerst außerhalb der damaligen Sowjetunion die Signale von

Sputnik I, dem ersten Satelliten im All, empfangen wurden. Außerdem wurden hier zahlreiche Asteroide und Kometen entdeckt und veränderliche Sterne erforscht. Die Sternwarte bietet natürlich regelmäßig Führungen an. Äußerst sehenswert ist zudem die Dauerausstellung „Die Erde im Visier", die zeigt, wie Satelliten dem Umweltschutz dienen.

INFO Die Sternwarte ermöglicht Ihnen auch, die Patenschaft über einen Stern zu übernehmen. www.sternwarte-bochum.de

Immer weiter radeln Sie durch eine dörflich-ländliche Umgebung wieder der Ruhr entgegen - aber nicht ohne einen Stopp im beschaulichen Ortsteil Stiepel mit seiner hübschen **Dorfkirche** 7 inmitten des baumumsäumten Kirchhofs. Dieses Kirchlein ist vermutlich das älteste Baudenkmal Bochums, denn schon vor 1.000 Jahren ließ Imma, Ehefrau des Grafen Liudger aus dem Geschlecht der Billunger, auf dem Hof Stiepel eine Eigenkirche bauen. Im 12. Jahrhundert wurde statt der Saalkirche eine romanische Basilika errichtet, drei Jahrhunderte später erfolgte der Ausbau zur heutigen Hallenkirche. Die zunehmende Instabilität des Turms machte Anfang des 21. Jahrhunderts eine umfangreiche Restaurierung notwendig, die 2004 mit dem Einbau der neuen Orgel abgeschlossen war. Auch der historische Kirchhof erstrahlt inzwischen in neuem Glanz. Beeindruckend ist die vielgestaltige farbige Ausmalung im Innenraum.

Außen wie innen beeindruckend schön: die Dorfkirche in Stiepel.

Sind Sie an einem Freitag, Samstag oder Sonntag unterwegs? Ist das Wetter schön? Dann hat an der Ruhr und mitten im Naturschutzgebiet Stiepel **Andrés Fähre** geöffnet, ein Imbiss, der in einem TV-Kochwettstreit schon mal den ersten Platz belegt hat. Ob auf der Sommerterrasse oder im Innenraum: Das Ambiente ist einmalig, das Essen lecker. Ist geschlossen, lassen Sie sich auf dem Steg der historischen **Blankensteiner Schleuse** 8 nieder - fahren Sie hinter dem Wasserwerk einfach ein paar Meter geradeaus - und lassen bei einem Picknick die Seele baumeln. Gut erholt meistern Sie die letzten 7 Kilometer bis zum Ziel im Handumdrehen, selbst wenn sich Ihnen kurz vorher noch mal ein Hügel in den Weg stellt.

N
S
Sieglar
Siegburg
56
560
Rheinstraße
Rhein
START
P
P
Sankt
Augustin
59
565
Kölnstraße
555
56
Siegburger Straße
Römerstraße
Landgrabenweg
562
Königswinterer Straße
42
Bonn
56
Hardtberg
Hausdorffstraße
565
Venusberg
9
Mittelstraße
Königswinter
Hauptstraße
Sieben-
gebirge
Bad
Godesberg
Mehlem
Drachenburgstraße
Rhein
AN- UND ABREISE
Hauptbahnhof Bonn
Fähranlegestelle Graurheindorf · Milchgasserweg · 53117 Bonn
Mondorfer Hafen · Provinzialstraße 2 · 53859 Niederkassel
GEFÖRDERT VON DER NRW-STIFTUNG
1 Fischereimuseum
2 Siebengebirgsmuseum
3 Bundesbüdchen
4 Beethoven-Haus
5 August-Macke-Museum
ABSEITS DER STRECKE
A Schauplatz Petersberg
B Schloss Drachenburg
C Zoologisches Forschungsmuseum Alexander Koenig

Bonn

Auto parken, rauf auf die Fähre, gemütlich auf die andere Rheinseite schippern – und schon mal ganz tief durchatmen. Denn auf diesen wenigen Metern übers Wasser beginnt auf dieser Tour die Entschleunigung. Oder das Abenteuer auf etwa 37 Kilometern an einem der malerischsten Rhein-Abschnitte.

37,4 km **Fähre**

2:11 Stunden bei 17,2 km/h

110 Meter ↗ **110 Meter** ↘

Auf Seite 6 finden Sie einen Hinweis, wo Sie die GPS-Daten kostenlos herunterladen können.

Erlebnis	●●●●●
Familientauglich	●●●●●
Schwierigkeit	●○○○○
Schwierigkeit E-Bike	●○○○○

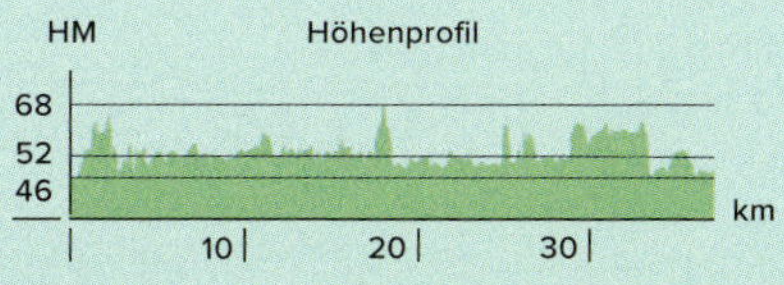

1. Fischereimuseum Bergheim an der Sieg · Nachtigallenweg 39 · 53844 Troisdorf-Bergheim
2. Siebengebirgsmuseum · Kellerstraße 16 · 53639 Königswinter
3. Bundesbüdchen · Heussallee 13 · 53113 Bonn
4. Beethoven-Haus · Bonngasse 20 · 53111 Bonn
5. August-Macke-Museum · Bornheimer Straße 96 · 53119 Bonn

A. Schauplatz Petersberg · Petersberg · 53639 Königswinter
B. Schloss Drachenburg · Drachenfelsstraße 118 · 53639 Königswinter
C. Zoologisches Forschungsmuseum Alexander Koenig · Adenauerallee 160 · 53113 Bonn

Unmittelbar vor dem Fischereimuseum liegt im alten Siegarm Diescholl der Aalschokker „Maria Theresia".

LIEBLINGSTOUR VON DOREEN KÖSTLER

Maximal 7.000 Zeichen sollten die Tourbeschreibungen umfassen, mein erster Text über Bonn war knapp doppelt so lang ... Meinem Freund Kalle, der mich auf dieser Route begleitet hat, verdanken Sie den Tipp zur rumänischen Holzkirche - ich war bereits total im Heimfahrmodus, aber er hat sie glücklicherweise aus dem Augenwinkel wahrgenommen.

Die Fähre hat angelegt? Dann mal los! Ihr Weg führt rechts vom Mondorfer Hafen entlang der Hafenstraße, bis sich Ihnen schon nach kurzer Zeit der markant-rote Anbau des **Fischereimuseums** (1) geradezu in den Weg stellt. Seit 1987 betreibt die Fischerei-Bruderschaft zu Bergheim an der Sieg, die zum immateriellen Kulturerbe in Deutschland zählt, an diesem Altarm der Siegmündung das Museum. Mit dem Rückgang der Berufsfischerei in der Region erfuhr auch die Bruderschaft einen Bedeutungswandel, sodass das Museum im Rahmen der „Regionale 2010" umgebaut und erweitert wurde. Heute präsentiert eine Dauerausstellung alle Aspekte der Fischereibruderschaft und der Kulturgeschichte der Fischerei an der unteren Sieg.

Unmittelbar vor dem Fischereimuseum liegt im alten Siegarm Diescholl der **Aalschokker „Maria Theresia".** Bestaunen können Sie ihn unter anderem, wenn Sie rechts neben dem Museum die kleine Treppe hinunterlaufen. Der Kahn wurde 1894 als Lastschiff gebaut, später umgerüstet und bis 1955 als Aalfangboot genutzt. Von 2017 bis 2019 wurde er restauriert, die Kajüte dient nun als Museumsraum.

Nach diesem sehenswerten Stopp schwingen Sie sich wieder in den Sattel und radeln bis zur **Siegfähre,** einer der ältesten Einmann-Gierfähren Deutschlands: Nur an einem Seil hängend, wird sie durch die Strömung ans andere Ufer getrieben. Schwere Last darf sie deshalb nicht transportieren - Käpt'n Gabriel nimmt auf seiner St. Adelheid nur mit, was Füße oder Pedale hat. Wer mag, kann direkt daneben im **Biergarten „Zur Siegfähre"** eine Rast einlegen.

Weiter geht die Tour in Richtung Königswinter. Nach einem kurzen Abschnitt entlang einer viel befahrenen Straße pedalieren Sie bald wieder abseits des Autoverkehrs auf das Siebengebirge zu, das beeindruckend vor Ihnen aufragt. Parallel zum Rhein mit seinen aus- und einladenden Wiesen und vorbei an dem einen oder anderen Zeitzeugnis wie dem alten jüdischen Friedhof in Schwarzrheindorf, der sich nach einer scharfen Linkskurve inmitten hoher Pappeln und wuchernder Büsche versteckt - gut, dass ein Gedenkstein auf dem Hochwasserdamm auf ihn verweist. Oder dem **Bahnhöfchen** in Bonn-Beuel: In dem denkmalgeschützten Gebäude der einstigen Bröltalbahn befindet sich ein 2021 liebevoll renoviertes Restaurant. Auf der Terrasse können Sie sich so manche Köstlichkeit gönnen, Ihr Gesicht von der Sonne streicheln und den Blick über das gegenüberliegende Ufer schweifen lassen.

Doch zu lange sollte die Pause nicht sein, denn Sie haben ja noch einiges vor (sich). Erst mal noch etwa 10 Kilometer bis ins beschauliche Königswinter mit seinen urigen Fachwerkhäuschen im Stadtkern.

INFO Eine Überfahrt mit der Siegfähre kostet pro Person und Rad 1 Euro, betrieben wird die Minifähre von Ostern bis zum Tag der Deutschen Einheit jeweils von 9 Uhr bis zum Einbruch der Dunkelheit.

E-BIKE-LADESTATION
Akku aufladen? Neben dem Kameha Grand Hotel gibt es zwei Ladestationen. Die Wartezeit können die Kleinen auf dem Spielplatz verbringen. Entweder toben Sie mit oder erholen sich auf einer Bank, direkt auf der Wiese oder, oder, oder.

Sehenswertes am Wegesrand

Wollen Sie sich auf dem Petersberg (siehe Seite 39) A auf Spurensuche begeben? Oder das imposante **Schloss Drachenburg** B mit der Nibelungenhalle, den nicht minder imposanten Drachenfels oder das Siebengebirgsmuseum erkunden? Oder alles? Sie haben die Qual der Wahl. Drachenburg und Drachenfels erreichen Sie am besten mit der - wie sollte sie anders heißen - Drachenfelsbahn, der dienstältesten Zahnradbahn Deutschlands. Fahren Sie bis zur Bergstation durch, entdecken Sie

Unterhalb vom Drachenfels liegt Schloss Drachenburg mit seinem traumhaften Rheinpanorama.

INFO Wissenswertes, Termine und Fahrpläne stehen unter www.drachenfelsbahn.de sowie www.schloss-drachenburg.de zur Verfügung.

die Drachenfelsruine und genießen Sie die unverbaute Aussicht bis zum Rolandsbogen am gegenüberliegenden Rheinhang. Wandern Sie dann hinab zum innen wie außen prachtvollen Schloss Drachenburg. Erbaut im 19. Jahrhundert, geprägt von einer wechselvollen Geschichte, umrankt von Legenden, wurde es seit 1995 behutsam restauriert. Eine Besichtigung lohnt sich, ein Spaziergang rundherum ebenso. In der Mittelstation steigen Sie wieder in die Drachenfelsbahn und ruckeln gemächlich den Berg hinunter.

Unweit der Bahnstation und inmitten der Altstadt präsentiert das **Siebengebirgsmuseum** 2 die Geschichte und den Alltag der Menschen in der Region - von der Steinzeit bis in die jüngste Vergangenheit. Vulkanismus, Bergbau, Klöster und Burgen, Tourismus: Alles wird thematisiert. Highlights sind Gemälde und Kunstwerke der Sammlung „RheinRomantik" in wechselnden Ausstellungen.

So viel Geschichte, Kunst und Kultur! Sie haben eine Pause verdient, die aber nur eine Fährfahrt auf die andere Rheinseite dauert. Sollte Ihren Reifen inzwischen ein bisschen die Puste ausgegangen sein, können Sie hier kräftig nachpumpen. Sonst genießen Sie einfach das mühelose Gleiten von der einen auf die andere Rheinseite und lassen beim Blick auf Drachenfels und Petersberg alles Gesehene, Erlebte und Gehörte nachwirken.

Nicht mal 5 Minuten später heißt es wieder: In die Pedale treten! Rechts der gemächlich dahinströmende Rhein, links viel, viel Grün - so schön! Bis das **Rheinhotel Dreesen** mit seiner leuchtend weißen Fassade alle Aufmerksamkeit auf sich zieht. Hier fühlte sich Reisekaiser Wilhelm II. wohl, Dwight D. Eisenhower ließ ordentlich die Weinvorräte schrumpfen, Adenauer verhandelte die Antwort auf die Stalin-Note ... Kein Wunder, dass das „weiße Haus am Rhein" ein perfektes Sujet für einen Filmzweiteiler mit begleitender Dokumentation darstellte. Fast direkt daneben lädt das historische Gebäude der **Bastei** mit unvergleichlichem Panoramablick zum kulinarischen Verweilen ein.

Erholt? Weiter geht's! Nach wenigen Metern streifen Sie links die **Rheinauen.** Der Bürger-, Erholungs- und Freizeitpark ist seit seiner Gründung zur Bundesgartenschau 1979 zu einem Wahrzeichen der Stadt geworden und mit 160 Hektar fast so groß wie die Bonner Innenstadt. Sollten Sie die Route an Pfingsten geplant haben: Im Japanischen Garten, der sich im nördlichen Teil des Parks befindet, gibt es genau jetzt eine sehenswerte Bonsai-Ausstellung.

Kurz nach dem Kiosk am Langen Eugen verlassen Sie den Weg am Rhein. Landschaftlich ist der Schlenker sicher kein Highlight, geschichtlich aber zweifellos: Das **Bundesbüdchen** 3 ist ein kleines Highlight des Bonner Regierungsviertels. Und dank des auffälligen Schriftzugs ist das gerade mal 20 Quadratmeter große Objekt glücklicherweise nicht zu übersehen. Konrad Adenauer besorgte sich hier die Tageszeitung, Helmut Kohl ließ Brötchen holen, Joschka Fischer kaufte seine Comics. Und welche Gespräche ohne offizielle Tagesordnungspunkte geführt wurden? Wenn das Büdchen nur reden könnte …

Darüber können Sie sinnieren, bis Sie vor der Kennedybrücke in die Innenstadt abbiegen. Und wo Sie schon mal hier sind: Das **Beethoven-Haus** 4 und das August-Macke-Museum sind ein paar Extrameter durchaus wert. Ludwig van Beethoven ist ein Sohn Bonns, er kam 1770 in einem Hinterhaus in der Bonngasse zur Welt. Heute werden hier Leben, Werk und Wirken des Musikgenies lebendig gehalten: Das Museum beherbergt die größte Beethoven-Sammlung weltweit und im Kammermusiksaal werden Akzente im Konzertleben der Stadt gesetzt.

Mit den harmonischen Klängen von „Für Elise“ und einem fulminanten „Tatatataaa“ seiner 5. Sinfonie – bekannt als Schicksalssinfonie – im Ohr schicke ich Sie

TIPP Apropos Japan: Im Frühling entfalten in der Altstadt unzählige Bäume der Japanischen Blütenkirsche ihre ganze Pracht – Heerstraße und Breite Straße gleichen dann wahren Kirschblütentunneln.

SCHLAUCHAUTOMAT
• Velocity Stahlroß Fahrradladen • Belderberg 18 • 53111 Bonn

Das **Zoologische Forschungsmuseum Alexander Koenig** C befindet sich nicht direkt an der Route, ein Abstecher lohnt sich aber. Besucher „reisen“ durch wunderschön inszenierte Lebensräume unterschiedlichster Tierarten, beispielsweise nach Afrika, in die Arktis oder durch Mitteleuropa.

ins **August-Macke-Museum.** 5 August Macke ist einer der bekanntesten Maler des Expressionismus. Als Kind lebte er einige Jahre in Bonn und ließ sich 1910 mit seiner Familie in der Stadt nieder. Sein Wohn- und Atelierhaus ist als biografisches Museum eingerichtet und wird von Ausstellungen zur Kunst der Moderne begleitet.

Vom Zentrum aus wenden Sie sich wieder in Richtung Rhein und fahren am Estermannufer bis zum Start-Ziel-Punkt dieser Route. Am Rheinufer in Castell lohnt sich ein Blick nach links, denn auf dem Gelände des Generalkonsulats von Rumänien steht ein architektonisches Kleinod: eine kleine **Kirche,** die im traditionellen Stil der Holzkirchen aus der Region Maramures gebaut wurde. An der Fähranlegestelle können Sie den Tag im **Fährpavillon Graurheindorf** mit Blick auf den Strom und das geschäftige Treiben davor ausklingen lassen.

Die rumänisch-orthodoxe Kirche: ein Stück Maramures am Rhein.

BESONDERES FÖRDERPROJEKT DER NRW-STIFTUNG

Ein Tipp für konditionell starke Radlerinnen und Radler ohne Scheu vor Höhenmetern: Setzen Sie sich in der GPS-Datei einen Wegmarker zum Petersberg, der über Jahrzehnte das „Gästezimmer" der Bundesrepublik Deutschland war. Der **Schauplatz Petersberg** A im ehemaligen Wachhaus lässt seine Besucher tief in die Geschichte eintauchen: Ein Tastmodell macht den Petersberg und seine Bauwerke erlebbar, Audiodateien und eine Wander-„Lauschtour" zu vielen interessanten Orten vermitteln Wissenswertes.

Auch die einzigartige Natur des Petersbergs lässt sich im Wachhaus erkunden. Seine alten Buchenwälder und weitere Flächen stehen als Nationales Naturerbe unter besonderem Schutz.
Mehr Wissenswertes unter:
www.schauplatz-petersberg.de

N
S
START
Werre
Lagesche Str.
Siegfriedstraße
Richthofenstraße
239
Hohenwart
Hakedahl
Moselbecke
Dahlsheide
Blomberger Str.
Hohenloh
Bielefelder Str.
Detmold
Palais-
garten
Rödinghausen
Diestelbruch
Wörbke
Spork-
Eichholz
Hornsche Str.
Schönemarker Weg
Schönemark
Hornoldendorf
Externsteinestraße
Silberbach
Schling
Berlebeck
Wiembecke
Wilberger Str.
Werre
Wiembecketal
Holzhauser Str.
Fromhausen
Zum Rosenbusch
Hessenring
Bahnhofstraße
Holzhausen-
Externsteine
Unterer
Teich
Horn
Horn-Bad
Meinberg
Paderborner Str.
1
AN- UND ABREISE
Bahnhof Detmold
P+R am Bahnhof Det-
mold (Industriestraße 2)

6

Detmold

Mit knapp 32 Kilometern ist diese Tour zwar eine der kürzesten in diesem Buch, aber mit drei auch für trainierte Radler fordernden Anstiegen wirklich nicht ohne. Was sie ebenfalls ist? Eine der schönsten, weil sie Ihnen Erlebnishighlights unterschiedlichster Art präsentiert.

32,2 km

2:12 Stunden bei 14,7 km/h

420 Meter **420 Meter**

Auf Seite 6 finden Sie einen Hinweis, wo Sie die GPS-Daten kostenlos herunterladen können.

Erlebnis	●●●●●
Familientauglich	●●●○○
Schwierigkeit	●●●●●
Schwierigkeit E-Bike	●●●○○

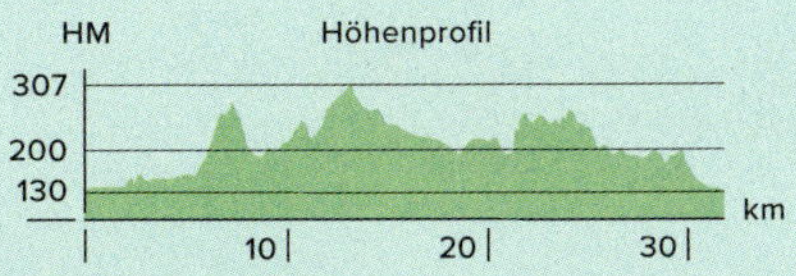

SEHENSWÜRDIGKEITEN
GEFÖRDERT VON DER NRW-STIFTUNG

1. Fürstliches Residenzschloss · Schlossplatz 1 · 32756 Detmold
2. Palaisgarten
3. LWL-Freilichtmuseum
4. Rolfscher Hof · Hahnbruchweg 5 · 32760 Detmold
5. Adlerwarte Berlebeck · Hangsteinstraße · 32760 Detmold
6. Externsteine · Externsteiner Straße 35 · 32805 Horn-Bad Meinberg
7. Burgmuseum Horn · Burgstraße 13 · 32805 Horn-Bad Meinberg

LIEBLINGSTOUR VON BASTIAN BENDER

Sie kennen das bestimmt: Sie erwarten von einem Ort gar nicht so viel – und dann verlieben Sie sich direkt. Eigentlich wollte ich die Externsteine sehen, startete meine Tour aber in Detmold und war begeistert von dieser schönen Stadt. Übrigens: Das Landestheater Detmold ist einen Besuch wert – hier dürfen Sie manchmal bei öffentlichen Orchesterproben Mäuschen spielen. Termine stehen auf www.landestheater-detmold.de.

Allein in der verwinkelten Altstadt von Detmold mit ihren prächtigen Fachwerkhäusern und historischen Bauwerken aus Biedermeier- und Gründerzeit möchte man Stunde um Stunde verbringen und Geschichte schnuppern. Nehmen Sie sich vor oder nach der Tour unbedingt Zeit für diese städtebauliche Perle Nordrhein-Westfalens! Sehenswert ist beispielsweise der **Marktplatz,** der von der **Erlöserkirche** und dem alten **Rathaus** eingerahmt ist. Überall im Stadtbild begegnen Ihnen übrigens die Farben Rot und Gelb: Die Lippische Rose – Wappensymbol und Wahrzeichen der Region – schmückt Fassaden und Balken, Türrahmen und Fenster und ist ein 3 Meter großer Blickfang auf dem Boden des Marktplatzes.

Im Herzen der Altstadt liegt auch das **Fürstliche Residenzschloss** 1 mit seiner imposanten Architektur und einem prachtvollen Englischen Garten. Das im Stil der Weserrenaissance erbaute Schloss war vom 16. Jahrhundert bis 1918 Sitz der regierenden Grafen und Fürsten zur Lippe und ist immer noch Stammsitz der Familie. Von den etwa 120 Räumen und Sälen sind zwölf täglich als Museum geöffnet – authentisch eingerichtet, informieren sie über das Leben der Familie und geben Einblicke in Renaissance, Barock und Moderne. Zu sehen sind unter anderem Gemälde des Hofmalers Hans Hinrich Rundt und monumentale Wandteppiche mit Szenen aus dem Leben Alexander des Großen. Außen kann man ganzjährig und jederzeit alles anschauen, die Innenbesichtigung ist zu den Führungszeiten möglich.

Entlang des Friedrichstaler Kanals und unter schattigen Alleedächern führt Sie die Route aus der Stadt hinaus. Wenn Sie mögen, überqueren Sie an der Musikhochschule den Kanal und die Straße und lassen auf der anderen Seite im **Palaisgarten** 2 mit seinen rauschenden Wasserfällen ein bisschen die Seele baumeln. Oder Sie unternehmen ein paar Pedalumdrehungen weiter eine Zeitreise in die Vergangenheit: Im **LWL-Freilichtmuseum** 3 erfahren Sie, wie sich der Alltag im Laufe der vergangenen 500 Jahre verändert hat.

TIPP Randvoll mit Geschichten sind die alten Gassen und Höfe der Detmolder Altstadt. Lassen Sie sich diese bei anderthalbstündigen Führungen mit dem Türmer, einem Minnesänger oder Clara Schumann erzählen! Die Tourist-Information hilft bei der Auswahl: 05231/977328.

In historischen Gebäuden schauen Sie einem Schmied, einem Bäcker und einer Töpferin bei der Arbeit zu und auf den Weiden lernen Sie alte Haustierrassen wie Senner Pferde und Siegerländer Rotvieh kennen.
Oder Sie merken sich diese lohnenswerten Abstecher für ein anderes Mal vor und bleiben auf der Strecke. An der Oberen Mühle überqueren Sie den Knochenbach und radeln erst am Wasser entlang, dann durch ruhige Straßen und Ortschaften, Wiesen und Felder. Ideal, um sich mental auf sportliches Bergaufkurbeln einzustellen, immerhin wollen bis zu 10 Prozent Steigung bewältigt werden. Als Zwischenstopp ermöglicht eine Bank an einer Weggabelung einen herrlichen Ausblick ins Grüne. Noch ein paar Meter hoch und Sie erreichen Berlebeck. Die Route führt Sie direkt zum **Rolfschen Hof,** 4 der in ein 19 Hektar großes, weitläufiges Areal aus Wiesen, Weiden, Hecken und Wäldern eingebettet ist. Der Rolfsche Hof ist eine Umweltbildungseinrichtung des NABU und bietet Wissenswertes rund um Flora und Fauna der Region. Bedrohte Tierarten wie der Feuersalamander oder das Rote Höhenvieh, eine alte Hausrindrasse, haben ihr ebenso ihre Heimat wie wilde Orchideen.
Zurück auf der Route befindet sich direkt rechts neben der Wegkreuzung halb verborgen hinter Büschen ein Rastplatz mit überdachten Bänken. Von hier genießen Sie einen unbeschreiblichen Blick ins Tal, bevor Sie

SCHLAUCHAUTOMAT

- EGO Sport · Bielefelder Straße 16 · 32756 Detmold

E-BIKE-LADESTATIONEN

- Bahnhof Detmold · Bahnhofstraße 3–4 · 32756 Detmold (in einer abgeschlossenen Abstellanlage; 3 Euro Pfand)
- Dorfplatz Berlebeck · An der Pyramideneiche · 32760 Detmold
- Berghof Stork · Leistruper-Wald-Straße 100 · 32760 Detmold

Natur erfahren, Natur erleben: Unter diesem Motto wird am Rolfschen Hof ein vielfältiges Umweltbildungsprogramm angeboten. www.rolfscher-hof.de

Die Externsteine sind sowohl ein mythischer Kraftort als auch ein imposantes Naturdenkmal.

sich wieder in den Sattel schwingen und die **Adlerwarte Berlebeck,** 5 die artenreichste und älteste Greifvogelwarte Europas, ansteuern. Ein Highlight für Groß und Klein, Alt und Jung sind die etwa 40-minütigen Freiflugvorführungen: Während Geier am Boden herumstolzieren, schrauben sich Adler und Falken majestätisch in die Lüfte, um gleich darauf wieder auf der Hand des Falkners zu landen. Begleitet von unterhaltsamen Anekdoten rund um die Tiere und die Adlerwarte landen die Vögel auch schon mal auf Schulter oder Kopf der Gäste. Neben den Shows können Sie in zwölf Großvolieren weitere Greifvögel ganz nah erleben und im interaktiven Museum in ihre spannende Welt eintauchen. Direkt nebenan befindet sich außerdem ein Streichelzoo mit Alpakas und Zwergziegen und auf dem gemütlichen Vorplatz lädt die **Snackbar** zum Verweilen ein.

INFO Die Adlerwarte ist von Anfang März bis Ende Oktober täglich von 9.30 Uhr bis 17.30 Uhr geöffnet. Je nach Saison finden die Flugshows zwei- oder dreimal am Tag statt. Ein Blick auf die Website verrät Ihnen mehr: www.detmold-adlerwarte.de.

Mit dem Rad ist der Weg zur Adlerwarte eher beschwerlich - er ist steil und mit einer Treppe gespickt. Schließen Sie Ihr Rad am besten am Besucherparkplatz an und spazieren die 123 Stufen hinauf und nach dem Besuch wieder runter. Bergab und flacher geht es weiter, teilweise an der Straße entlang, aber auf angenehm zu fahrenden Wegen mit Blick auf Felder. Für eine kulinarische Radelrast bietet sich das Café im **Hotel „Bärenstein"** in Holzhausen-Externsteine an, das täglich ab 14 Uhr geöffnet hat.

TIPP Von ihrer schönsten Seite halten Sie die Externsteine im Bild fest, wenn Sie dem Weg um den See folgen. Mit etwas Glück spiegeln sich die Felsen in der Wasseroberfläche. Das Begehen der Steine kostet Eintritt - Erwachsene zahlen 4 Euro, Kinder 2 Euro.

Frisch bei Kaffee und Kuchen gestärkt, wartet kurz darauf ein bemerkenswertes Naturdenkmal auf Sie: die **Externsteine,** 6 das Stonehenge des Teutoburger Waldes. Allein der Anblick der grauen, zerklüfteten Felsen aus Kreidesandstein lässt verstehen, warum es sich hier für viele Menschen um einen mythischen Kraftort handelt. Das wird einem noch bewusster, wenn man zwei der 13 Felsen, die über Treppen erschlossen sind, hinaufsteigt und auf den davorliegenden See und in die Weite schaut. Ein besonderes Erlebnis ist der Gang über die Brücke, die die beiden Felsen verbindet. Großartig ist auch das Relief der Kreuzabnahme, das von mittelalterlichen Bildhauern in die Externsteine gearbeitet wurde. Möchten Sie darüber hinaus mehr erfahren, bringt Sie eine kostenlos zu besichtigende interaktive Ausstellung auf den aktuellen Wissensstand der archäologischen, kulturgeschichtlichen und naturkundlichen Forschung.

Direkt in der Altstadt von Horn-Bad Meinberg zeigt das **Burgmuseum Horn** 7 die Entwicklung der Stadt vom Mittelalter bis heute. Geschichte kann sowohl von innen als auch von außen erlebt werden, denn die Räume befinden sich in der Burg Horn, einem der ältesten Wohnsitze der Edelherren zur Lippe. Über eine Galerie schauen Sie in den Rittersaal, vom Burgturm aus sind die Wallanlagen, die Stadtmauer und der Grundriss der Altstadt noch deutlich zu erkennen. Eine Besonderheit stellt die Präsentation von Zweihandschwertern und Ringpanzern dar. Der Rote Saal macht die Burggeschichte besonders für Kinder spielerisch erlebbar: Kostüme, Bauklötze und Ritterfiguren laden zum Entdecken ein.

GASTRO-TIPP Folgen Sie der Mittelstraße ein Stück geradeaus, landen Sie im Schokohimmel: Im Schoko-Laden mit Konditorei und Café können Sie sich handgefertigte Köstlichkeiten auf der Zunge zergehen lassen. www.schoko-roog.de

Auf dem Weg zurück können Sie zügig Kilometer abspulen: Das Profil ist zwar wellig, aber Sie radeln überwiegend durchs Grüne und kommen in den Genuss einer echten Panoramafahrt mit tollem Weitblick in die umliegende Landschaft. Eine Verschnaufpause können Sie im **Berghof Stork** einlegen, sofern Sie am Wochenende unterwegs sind. Die Küche verwöhnt Sie mit rustikalen deutschen Gerichten und regionalen Spezialitäten und vom Biergarten aus eröffnet sich Ihnen ein einmaliger Blick auf den Teutoburger Wald. Die verbleibenden etwa 6 Kilometer führen Sie durch den Leistruper Wald mit einem Steinhügelgrab, vorbei an Feldern und dem Flugplatz Detmold zurück in die Stadt.

AN- UND ABREISE

- Bahnhof Signal-Iduna-Park
- Parkplatz C2 der Westfalenhallen

SCHLAUCHAUTOMAT

- Lucky Bike · Hermannstraße 108 · 44263 Dortmund

E-BIKE-LADESTATION

- Rathaus Holzwickede · Am Markt 4 · 59439 Holzwickede

Dortmund

„Das ist aber grün hier!" Dieser Satz wird Ihnen in Dortmund immer wieder durch den Kopf schießen, denn Bäume und Parks prägen das Gesicht der Ruhrpottstadt. Nicht zu vergessen: die Emscher, die aus ihrem begradigten Flussbett befreit wurde und in ihren ursprünglichen Schlingen und Kurven mäandert.

45,9 km

2:58 Stunden bei 15,5 km/h

250 Meter **250 Meter**

Auf Seite 6 finden Sie einen Hinweis, wo Sie die GPS-Daten kostenlos herunterladen können.

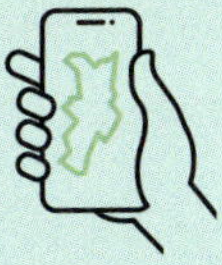

Erlebnis	●●●●○
Familientauglich	●●●○○
Schwierigkeit	●●○○○
Schwierigkeit E-Bike	●○○○○

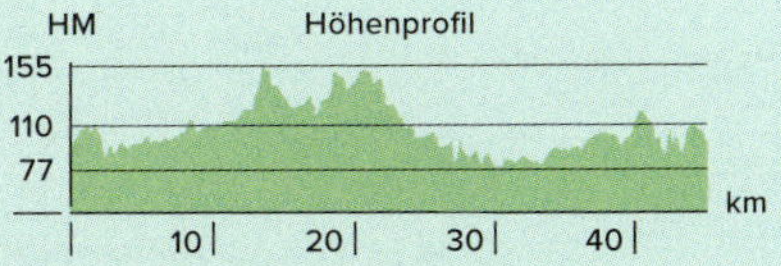

SEHENSWÜRDIGKEITEN GEFÖRDERT VON DER NRW-STIFTUNG

1. Westfalenpark
2. AGARD-Naturschutzhaus · An der Buschmühle 3 · 44139 Dortmund
3. Phoenix-See
4. Flüsterbrücke
5. Haus Rodenberg
6. Emscherquellhof
7. Hellweg-Museum · Burgstraße 8 · 59423 Unna
8. Zentrum für Internationale Lichtkunst
9. Hauptfriedhof Dortmund

Der Westfalenpark ist eine von Dortmunds grünen Oasen.

TIPP Ist gerade Bundesligasaison? Prüfen Sie vorab, ob Borussia Dortmund ein Heimspiel hat. Dann nämlich wird es sowohl in den Zügen als auch im Signal-Iduna- und im Westfalenpark voll.

INFO Besuchen Sie das Naturschutzhaus vorab online und schauen Sie nach, welche Veranstaltungen wann stattfinden: www.agard.de.

Kurz nach dem Start am Signal-Iduna-Park geht der Radgenuss mit dem **Westfalenpark** 1 sofort los. Auch wenn Sie gerade erst im Sattel sitzen: Nehmen Sie sich hierfür etwas mehr Zeit. Tuckern Sie mit der Kleinbahn durch das ehemalige Bundesgartenschaugelände oder fahren Sie mit dem Sessellift, der den höhergelegenen Nordteil mit dem Südteil an der Buschmühle verbindet. Spazieren Sie durch die Grünflächen mit unzähligen Dahlien und Stauden, das Rosarium oder den japanischen Garten. Und genießen Sie vom 209 Meter hohen Florianturm auf jeden Fall den atemberaubenden Blick auf den Westfalenpark und die Stadt.

Für Kinder ist das Gelände mit einem Spielbogen, der sich durch den Park zieht, ohnehin ein Paradies: Neben vielen Spiel- und Aktionspunkten gibt es zwei Themenspielplätze mit dem großen Robinsonspielplatz ganz im Süden. In dessen Nähe steht auch das **Naturschutzhaus** 2 mit einer „Insel des ehrenamtlichen Naturschutzes“, die 2,5 Prozent der Gesamtfläche des Parks ausmacht und stellvertretend für die unentgeltlich arbeitenden Naturschützer durch die AGARD (AG Amphibien- und Reptilienschutz in Dortmund) betreut wird. Zu den Angeboten für Kinder zählen Naturerfahrungsspiele, Bodenuntersuchungen, der Nisthilfenbau und eine Baumrallye. Das Haus selbst wurde mit einer

Dach- und Fassadenbegrünung, einer Pflanzenkläranlage und zahlreichen Nistmöglichkeiten für Vögel errichtet.

Am Viadukt der Hympendahlbrücke vorbei, durch den Hoetger-Park und begleitet von der Emscher erreichen Sie den **Phoenix-See.** 3 Kaum zu glauben, dass sich hier einst das Hochofen- und Stahlwerkgelände von Thyssen-Krupp befand. Überhaupt erinnert in dieser Ruhe- und Freizeitoase lediglich die Thomasbirne auf der „Kulturinsel" im See daran. Heute segeln Boote über das Wasser, Familien spazieren an den Promenaden, andere radeln, skaten oder joggen. Damit sich niemand in die Quere kommt, sind Geh- und Radwege voneinander getrennt. Natürlich kommen Sie auch kulinarisch voll auf Ihre Kosten; die **Schlemmermeile** liegt zwar nicht direkt an der Route, aber ist wirklich nicht zu verfehlen. Kaffee, Kuchen und Waffeln, Fritten, Steaks oder Sushi - alles ist da, was den Bauch glücklich macht.

Zurück auf der Route folgen Sie weiter der Emscher. Plötzlich stehen sich an ihren Windungen zwei gewaltige orangefarbene Stahlschalen gegenüber. 3 Meter im Durchmesser, senkrecht in einer Distanz von knapp 60 Metern. Die so entstandene **Flüsterbrücke** 4 ist heute Wegmarke und Zeugnis der industriellen Vergangenheit dieses Ortes. Der Clou ist aber ihre Funktion: Flüstern Sie in eine der Schalen hinein, wird der Schall in die gegenüberliegende geworfen. Ihr Gegenüber hört Sie und kann natürlich direkt antworten. Ebenso unvermittelt taucht hinter der B 236 eine mehrteilige und frei zugängliche Installation auf. Unter dem Titel **„Public Hybrid"** wurde sie von David Jablonowski für den Emscherkunstweg aus Sandstein und 3-D-Drucktechnik geschaffen: Wie Sedimente sind der Ruhrsandstein aus Sprockhövel und recycelter Kunststoff aus dem 3-D-Drucker zu Formationen übereinandergeschichtet. Immer weiter folgen Sie dem Emscherweg. Rechts und links säumen Wohngebiete die Strecke, die Wege sind

SEHENSWERTES AM WEGESRAND Dortmund – eine Weinstadt? Ja! 2012 hat die Emschergenossenschaft den Weinanbau im Ruhrgebiet am Phoenix-See wieder aufleben lassen. Auf drei Flächen mit jeweils 50 Quadratmetern gedeihen passenderweise Rebstöcke der Weißweinsorte „Phoenix".

Flüstern Sie in eine der Schalen hinein, wird der Schall in die gegenüberliegende geworfen.

Haus Rodenberg: von der Straße beschaulich abgeschieden durch einen ehemaligen Mühlenteich mit Springbrunnen.

Auf dem Gelände der Fachwerk-Hofanlage befindet sich der „Quellteich“ der Emscher.

INFO Unter www.unna.de/unna-erleben/kultur-in-unna/museen können Sie sich genauer über den Goldschatz informieren und gleichzeitig die Öffnungszeiten recherchieren.

überwiegend asphaltiert und Sie müssen nur minimale Steigungen überwinden. In Dortmund-Aplerbeck fahren Sie am ehemaligen Adelssitz **Haus Rodenberg** 5 vorbei, der ursprünglich aus einer mittelalterlichen Wasserburg entstanden ist und schon Ende des 13. Jahrhunderts urkundlich erwähnt wurde. Heute sind nur noch die Vorburginsel, die umgebenden Wassergräben, der Hausteich und Reste der Mauer des Hauptgartens erhalten. Markant ist der leicht schief stehende Treppenturm mit der glockenförmigen Haube als Dach.

Wenig später radeln Sie durch Felder auf Holzwickede zu. Vor den Toren der Gemeinde befindet sich der **Emscherquellhof,** 6 ein hübsches, aufwendig saniertes Ensemble aus Fachwerkhäusern, in dessen Mitte sich der sogenannte Quellteich befindet, weil Landmesser des preußischen Königs 1824 den Hof zum Quellgebiet erklärten. Vielleicht waren sie einfach zu faul, noch ein Stückchen bergauf zu gehen – dorthin, wo die Emscher wirklich aus ihren fünf Quelltöpfen entspringt. Kehren Sie hier gern im **Café** ein, das von Menschen mit Behinderungen betrieben wird.

Auf den folgenden Kilometern lassen Sie erst die A 1, dann die A 44 hinter sich. Unna mit seiner malerischen Innenstadt ist Ihr nächstes Etappenziel. Am besten entdecken Sie die Stadt auf einem Rundgang entlang der alten Stadtwälle: Mittendrin ist natürlich der Marktplatz mit schwarz-weißen Fachwerkhäusern und angrenzenden Gässchen, im Süden stehen die Überreste des Eulenturms und im Nordosten liegt am Rand des

Stadtgartens die kleine denkmalgeschützte Burg Unna, in der das **Hellweg-Museum** 7 untergebracht ist. Der Name kommt nicht von ungefähr, ist die Geschichte der Stadt doch eng mit der Lage am Westfälischen Hellweg verbunden, aus dem übrigens die heutige A 40 entstanden ist. Folgerichtig widmet sich das Hellweg-Museum der städtischen und regionalen Historie, zahlreiche Exponate gewähren Einblicke in die Entwicklung Unnas und des Hellwegs. Überregional bekannt ist das Museum durch einen bedeutenden mittelalterlichen Goldmünzfund, der in der Ausstellung zu bestaunen ist. Ein anderes Highlight ist das **Zentrum für Internationale Lichtkunst** 8 mit einer weltweit einzigartigen Kombination aus Camera obscura und Skyspace. Erstere projiziert den aktuellen Himmel auf den marmornen Ausstellungsboden, im Skyspace können Sie in den Sommermonaten den Sonnenuntergang in exakt berechnetem Zusammenspiel aus künstlichem und natürlichem Licht an sich vorbeiziehen lassen. Das ist wunderschön und faszinierend zugleich.

Unna, Wickede, schon sind Sie wieder in Dortmund. Im Vergleich zur ersten Hälfte der Tour verliert dieser Abschnitt an Flair und Natur, denn Sie radeln überwiegend durch Gewerbe- und Wohngebiete. Unterbrochen wird diese Szenerie lediglich von der Galopprennbahn und dem **Hauptfriedhof Dortmund.** 9 Der wiederum gilt mit fast 120 Hektar als einer der größten Friedhöfe Deutschlands und ist die größte Grünfläche Dortmunds – der Westfalenpark passt nahezu zweimal hinein. Von Beginn an wurde die Anlage parkähnlich geplant und realisiert. Genau deshalb bietet sie eine wunderschöne Kulisse für Ruhe und Entschleunigung, egal, ob Sie zu Fuß oder mit dem Rad unterwegs sind. Besonders schön ist die Zeit von April bis Mai/Juni, wenn die Rhododendren ihre Blütenpracht entfalten. Generell sind es von hier bis zum Ziel nur noch knapp 8 Kilometer, die letzten führen Sie erneut am Emscherweg und am Westfalenpark vorbei – ideal für eine letzte Pause, bevor es wieder nach Hause geht.

Das 1928 eröffnete Hellweg-Museum ist das Museum zur Geschichte der Stadt Unna.

Der Alte Markt ist das historische Zentrum der Hellweg-Stadt.

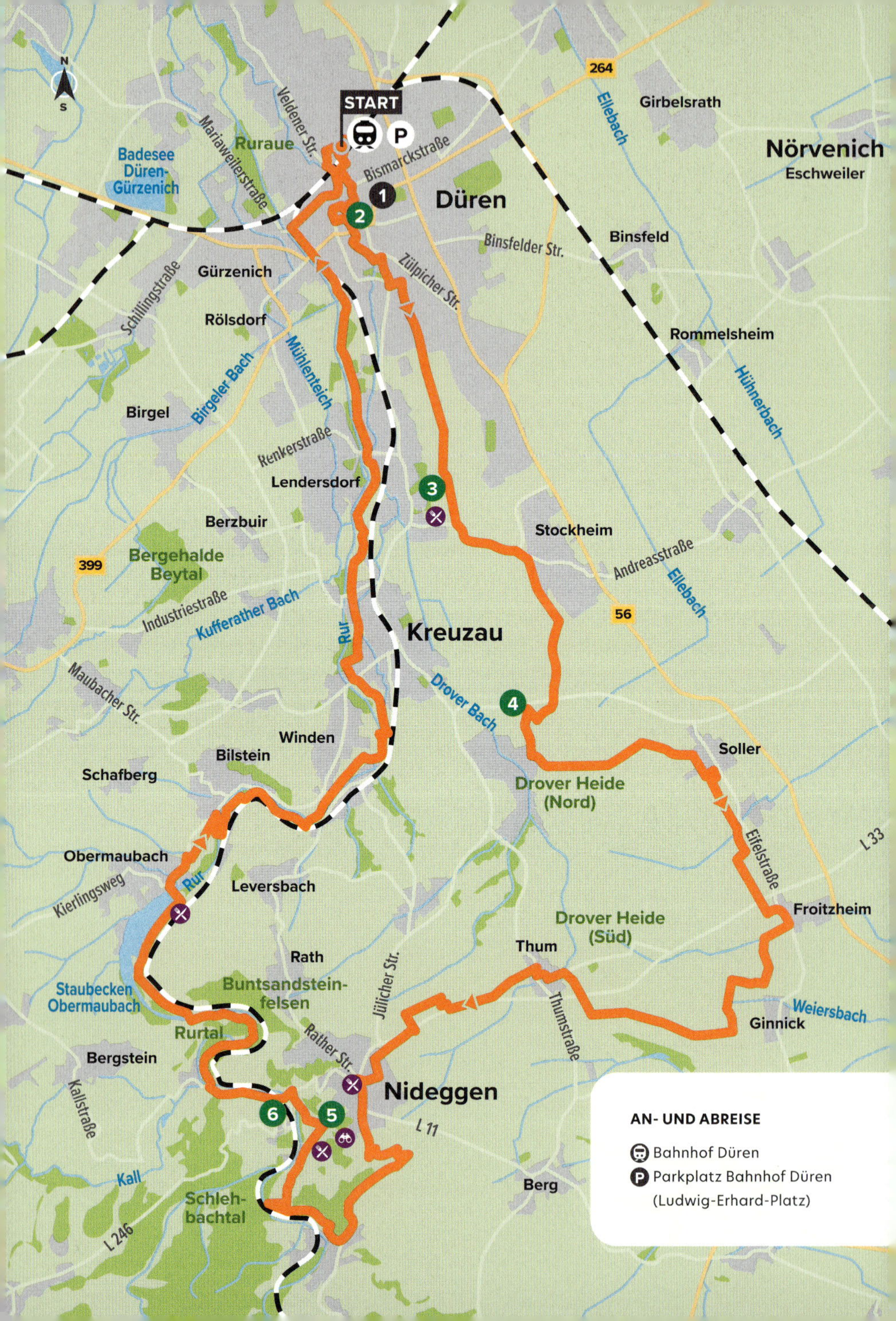

N
S
START
P
264
Girbelsrath
Nörvenich
Eschweiler
Ellebach
Veldener Str.
Mariaweilerstraße
Ruraue
Badesee Düren-Gürzenich
Bismarckstraße
Düren
Binsfelder Str.
Binsfeld
Zülpicher Str.
Gürzenich
Schillingstraße
Rölsdorf
Mühlenteich
Rommelsheim
Hühnerbach
Birgel
Birgeler Bach
Renkerstraße
Lendersdorf
Berzbuir
Stockheim
Andreasstraße
Bergehalde Beytal
399
Industriestraße
Kufferather Bach
Rur
Kreuzau
56
Maubacher Str.
Drover Bach
Winden
Bilstein
Schafberg
Soller
Drover Heide (Nord)
Eifelstraße
L 33
Obermaubach
Kierlingsweg
Leversbach
Froitzheim
Drover Heide (Süd)
Thum
Rath
Staubecken Obermaubach
Buntsandsteinfelsen
Jülicher Str.
Thumstraße
Weiersbach
Ginnick
Rurtal
Rather Str.
Bergstein
Nideggen
L 11
Kallstraße
Kall
Berg
Schlehbachtal
L 246
AN- UND ABREISE
Bahnhof Düren
Parkplatz Bahnhof Düren (Ludwig-Erhard-Platz)

Düren

55 Kilometer und ein welliges Profil mit knackigen Anstiegen - da kann der Puls mitunter ganz schön ins Puckern kommen. Fahren Sie diese Tour am besten in der vorgegebenen Richtung, so ersparen Sie sich bei Nideggen auf jeden Fall einen Berg mit 15 Prozent Steigung.

55,0 km

3:54 Stunden bei 14,1 km/h

460 Meter ↗ **460 Meter** ↘

Auf Seite 6 finden Sie einen Hinweis, wo Sie die GPS-Daten kostenlos herunterladen können.

Erlebnis	●●●●●
Familientauglich	●○○○○
Schwierigkeit	●●●●●
Schwierigkeit E-Bike	●●●○○

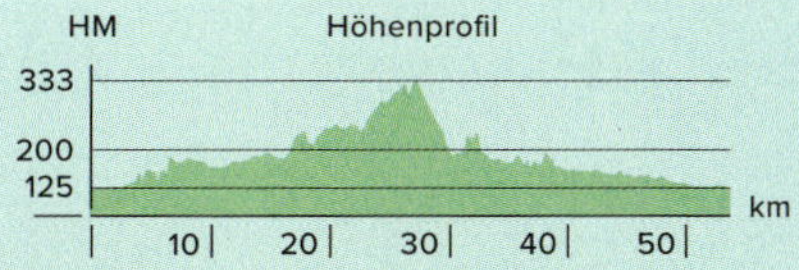

SEHENSWÜRDIGKEITEN

GEFÖRDERT VON DER NRW-STIFTUNG

1. Leopold-Hoesch-Museum
2. Papiermuseum Düren · Wallstraße 2-8 · 52349 Düren
3. Wasserschloss Burgau · Von-Aue-Straße 1 · 52355 Düren
4. Drover Heide · Raiffeisenstraße 43 · 52372 Kreuzau
5. Burg Nideggen · Kirchgasse 10 · 52385 Nideggen
6. Biologische Station Nideggen · Zerkaller Straße 5 · 52385 Nideggen

FAHRRADREPARATUR-STATION

• Schloss Burgau • Von-Aue-Straße 1 • 52355 Düren

E-BIKE-LADESTATIONEN

• Rathaus Nideggen • Zülpicher Straße 1 • 52385 Nideggen
• Hotel-Restaurant „Haus Mühlbach" • Mühlbachstraße 4 • 52385 Nideggen-Abenden

Wald, Heide und Wasser, Burgen und Museen: Das sind die Zutaten für einen erlebnisreichen Tag rund um Düren. Oder vielleicht sogar direkt zwei, damit Sie ausreichend Zeit für Entdeckung und Erholung haben. Kurz nach dem Start zieht ein prächtiger Barockbau Ihre Aufmerksamkeit auf sich: das **Leopold-Hoesch-Museum (LHM),** 1 das der Stadt zu Beginn des 20. Jahrhunderts von der Industriellenfamilie Hoesch geschenkt wurde. Als eines der wenigen Innenstadtgebäude überstand es - wenn auch schwer beschädigt - den verheerenden Luftangriff im November 1944. Der Fokus der Kunstsammlungen liegt auf Werken von Spätimpressionismus, Expressionismus, Neuer Sachlichkeit und Nachkriegsmoderne. Außerdem verfügt das LHM über einen umfangreichen Bestand an Arbeiten auf Papier und Grafiken vor allem des 19. und 20. Jahrhunderts.

Gefühlt nur einen Papierfliegerwurf davon entfernt erhebt sich ein Gebäude vor Ihnen, das wie ein gefaltetes Blatt Papier anmutet: das **Papiermuseum Düren.** 2 Die preisgekrönte Architektur greift mit Faltung, Prägung und Wasserzeichen drei Archetypen von Papier auf: Das traditionelle Wasserzeichen „P" schimmert an der Spitze der Fassade und der Name des Museums ist nicht nur in lateinischen Buchstaben auf die Fassade geprägt, sondern auch in Braille-Schrift. Damit wird das besondere Engagement der Stadt für

Menschen mit Sehbehinderungen gewürdigt. Schrift und Struktur auf dem Putz erscheinen je nach Sonnenstand in unterschiedlichen Weiß- und Graustufen oder sind wie ein Wasserzeichen fast nicht erkennbar. Auch im Inneren erinnern spitze Winkel und schräge Wände an gefaltetes Papier.

Der Umgang mit Papier hat in Düren eine lange Tradition, denn seit 1576 wird entlang der Rur Papier hergestellt und verarbeitet. Falls es Sie mal auf den Ratestuhl bei Günther Jauch zieht: 1949 wurde das Grundgesetz der Bundesrepublik Deutschland auf Papier aus Düren gedruckt, vier Jahrzehnte später auch die Urkunde zur deutschen Einheit. Historische Papiere mit Wasserzeichen aus dem 14. bis 19. Jahrhundert und Papierprodukte und -objekte aus den vergangenen 300 Jahren stellen zentrale Exponate des 1990 gegründeten Papiermuseums dar.

Entlang des Mühlenteiches, der ein künstlicher Nebenarm der Rur ist und früher sowohl Mühlen antrieb als auch Brauer, Tuchmacher und Gerber mit Wasser versorgte, und durch Alleen radeln Sie auf den Burgauer Wald zu und schließlich hindurch. Ein Stopp lohnt sich ziemlich genau in der Mitte beim romantischen **Wasserschloss Burgau.** 3 1944 zerstört, dann sage und schreibe 30 Jahre eine Ruine und seit 1998 wiederhergestellt, ist es mit den angrenzenden Park- und Gartenanlagen wieder ein echtes Dürener Schmuckstück. Und wenn Sie Glück haben, nehmen Wasserschildkröten im Schlossweiher gerade ein ausgiebiges Sonnenbad. In der Vorburg lädt Sie das **Schlosscafé** zum Ausruhen bei Kaffee und Kuchen ein.

Die Route führt Sie nun durch die idyllische **Drover Heide** 4 mit ihrer fast ebenen Landschaft aus Heide, Wald und Wiesen. Das 670 Hektar große Natur- und Vogelschutzgebiet auf einem ehemaligen Truppenübungsplatz der Belgier ist Teil des Nationalen Naturerbes und entwickelte sich nach deren Abzug zum Lebensraum

INFO An jedem ersten Donnerstag im Monat ist der Eintritt in das Papiermuseum für alle Besucher frei. Weitere Informationen finden Sie unter www.papiermuseum-dueren.de.

INFO Im Schloss Burgau finden regelmäßig Ausstellungen statt, die kostenfrei zu besuchen sind.

SEHENSWERTES AM WEGESRAND Kurz bevor Sie Stockheim hinter sich lassen, steht direkt neben der alten Panzerstraße die 1.000-jährige Marieneiche, die auch als der „Decke Boom" (dicker Baum) bekannt ist.

für seltene und gefährdete Pflanzen- und Tierarten. In den zahlreichen Tümpeln fühlt sich beispielsweise der Urzeitkrebs genauso wohl wie die Kreuzkröte und der Kammmolch. Außerdem haben hier viele störungsempfindliche Brutvögel wie die Heidelerche, der Ziegenmelker und der Neuntöter ihre Heimat gefunden. Unternehmen Sie diese Tour von Anfang August bis Mitte September, kommen Sie in den Genuss eines einzigartigen Farbspektakels. Denn dann verwandelt die Besenheide riesige Flächen in ein violettes Blütenmeer.

Durch Felder, die mit einem etwa 3 Kilometer langen Anstieg gespickt sind, erreichen Sie Nideggen. Ist Ihnen unterwegs Proviant ausgegangen, möchten Sie Ihre Trinkflaschen auffüllen? Kurz hinter der Ortseinfahrt haben Sie dazu in verschiedenen Supermärkten Gelegenheit. Steht Ihnen der Sinn eher nach einer gemütlichen Kaffeepause, fahren Sie am großen Doppelkreisverkehr in Richtung Rather Straße und kehren im **Café Hallmanns** ein.

Nicht weit davon entfernt befindet sich die **Burg Nideggen,** 5 die im Mittelalter von Graf Wilhelm II. von Jülich erbaut wurde. Ihren Namen verdankt sie ihrer Umgebung: „ein Fels (ecke), um den man beneidet (nît) wird." Wegen der hohen Lage haben Sie von hier aus einen fantastischen Rundumblick – bei klarem Wetter sogar bis zum Kölner Dom und zum Siebengebirge. Im Jenseitsturm befindet sich übrigens das einzige Burgenmuseum im Rheinland, das Ihnen Einblicke in die Welt des Mittelalters in der Region Eifel und im Rheinland gewährt. Richtig gut schlemmen lässt es sich auch – ganz egal, ob im **Restaurant „Kaiserblick"** oder im **Burg-Biergarten.**

Vielleicht entdecken Sie beim Spaziergang über das Gelände südlich der Burg noch den **Teufelstritt,** eine interessante Felsformation. Der Legende nach war der Teufel auf der Flucht und wollte die Schlucht mit einem

SEHENSWERTES AM WEGESRAND In Thum können Sie die Streckenführung nach rechts in den südlichen Teil der Drover Heide verlassen. Dort befand sich eine Nike-Raketenbasis als Zeugnis des Kalten Kriegs, die inzwischen zurückgebaut wurde. Von den Wachgebäuden, Türmen und anderen Aufbauten sind drei mit Steinquadern aufgefüllte Bunker als Heimat für Fledermäuse erhalten.

INFO Das Burgenmuseum ist dienstags bis sonntags von 10 bis 17 Uhr geöffnet. Infos zu den Öffnungszeiten von Restaurant und Biergarten finden Sie unter www.burg-restaurant-nideggen.de.

Sprung überwinden. Als er dabei stürzte, hinterließ er im Gestein zwei Fußabdrücke.

Von Nideggen sausen Sie später nach Abenden hinunter - gute 4 Kilometer ist die Abfahrt lang, aber mit teilweise 8 Prozent durchaus auch fordernd. Zwischendurch immer mal etwas abzubremsen, kann nicht schaden. Nur nicht zu viel, denn ein bisschen Anlauf für den nächsten Anstieg brauchen Sie: Der bringt es auf 1 Kilometer in der Spitze auf 9 Prozent Steigung.

Ihr nächster Haltepunkt ist die **Biologische Station Nideggen.** 6 Und das ist durchaus wörtlich zu verstehen, schließlich befindet sie sich im Bahnhofsgebäude in Nideggen-Brück am Haltepunkt der Rurtalbahn. Im alten Güterschuppen können Sie sich die Ausstellung „Rur und Fels" mit faszinierenden Dioramen zu den verschiedenen Lebenswelten anschauen. Wo genau leben Biber? Warum ist Buntsandstein nicht wirklich bunt, sondern rot? Und was sind eigentlich Flechten? Rufel, das Comic-Maskottchen, leitet Sie durch die interaktive Ausstellung, beantwortet all diese Fragen und macht auf spannende Erlebnisse im Rurtal neugierig. Vom Außengelände mit Insektenhotel und grünem Klassenzimmer geht es dann in die nähere Umgebung zu einem Bach oder in den Wald.

Die folgenden Kilometer begleiten Sie die Rur bis zu ihrer Einmündung in das Staubecken Obermaubach. Für Abwechslung sorgt nicht nur die reizvolle Landschaft, sondern auch kleinere Bergetappen, die mit 11 Prozent rasanten Abfahrtsspaß versprechen.

Frische Waffeln oder hausgemachter Apfelstrudel klingen jetzt geradezu perfekt? Beides bekommen Sie direkt am Ufer des Staubeckens im **Café-Restaurant „Strepp am See".** Während Sie die süße Verführung genießen, wandert Ihr Blick übers Wasser ins Grüne und die Beine erholen sich etwas für die verbleibende Strecke. Vor Üdingen ist noch mal ein kurzer Anstieg zu bewältigen, dann rollen Sie nur noch bergab - immer entlang der Rur und durch ihre Auen, bis Sie wieder in Düren ankommen.

INFO Die Ausstellung in der Biologischen Station ist sonntags zwischen März und Oktober von 11 bis 17 Uhr kostenfrei geöffnet. Die Station gibt jährlich den Veranstaltungskalender „RurNatur" heraus, der über die verschiedenen Angebote informiert.

Faszinierende Dioramen erklären verschiedene Lebenswelten.

TIPP Auch die Rurtalbahn folgt dem Flusslauf und eröffnet Ihnen eine Rückfahroption, wenn die Beine durch das vorherige Auf und Ab zu erschöpft sind: Ticket lösen, mit Rad einsteigen und bequem zum Ausgangspunkt zurückreisen.

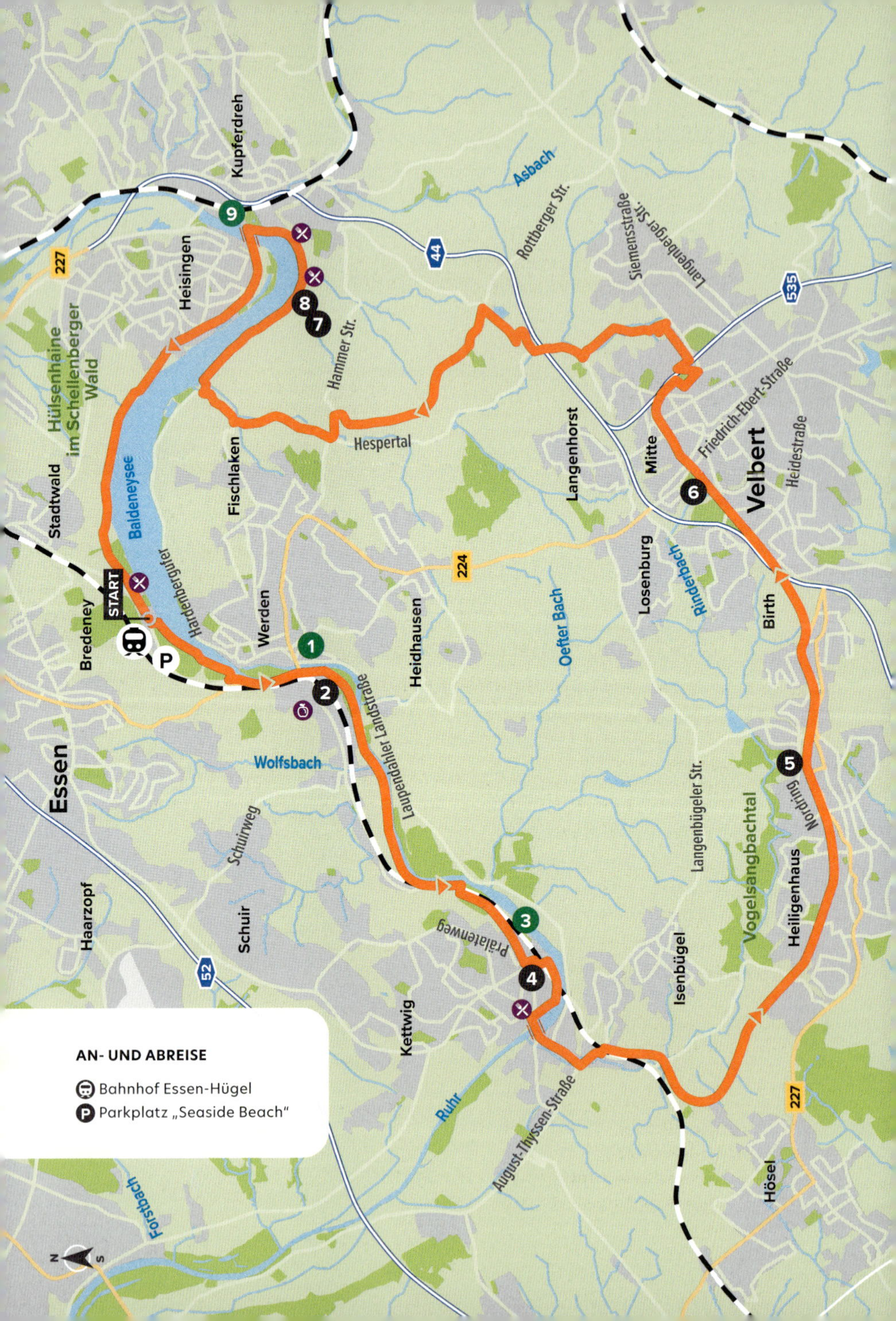
AN- UND ABREISE
Bahnhof Essen-Hügel
Parkplatz „Seaside Beach"
START
Kupferdreh
Heisingen
Hülsenhaine im Schellenberger Wald
Stadtwald
Baldeneysee
Hardenbergufer
Bredeney
Essen
Fischlaken
Werden
Hammer Str.
Hespertal
Asbach
Rottberger Str.
Siemensstraße
Langenberger Str.
Friedrich-Ebert-Straße
Heidestraße
Velbert
Mitte
Langenhorst
Losenburg
Rinderbach
Birth
Heidhausen
Oefter Bach
Laupendahler Landstraße
Wolfsbach
Schuirweg
Schuir
Haarzopf
Prälatenweg
Kettwig
August-Thyssen-Straße
Ruhr
Forstbach
Isenbügel
Langenbügeler Str.
Vogelsangbachtal
Nordring
Heiligenhaus
Hösel
227
44
535
224
52
1
2
3
4
5
6
7
8
9
N
S

9

Essen

330 Höhenmeter auf gerade mal knapp 40 Kilometer - das lässt es bereits erahnen: Für diese Tour sollten Sie wirklich fit sein, selbst wenn Sie auf dem E-Bike unterwegs sind. Und manch steiler Abschnitt fordert letztlich nicht nur Ihre Kondition, sondern auch Ihr Balancegefühl heraus.

39,8 km

2:40 Stunden bei 14,9 km/h

330 Meter **330 Meter**

Auf Seite 6 finden Sie einen Hinweis, wo Sie die GPS-Daten kostenlos herunterladen können.

Erlebnis	●●●○○
Familientauglich	●○○○○
Schwierigkeit	●●●●●
Schwierigkeit E-Bike	●●●○○

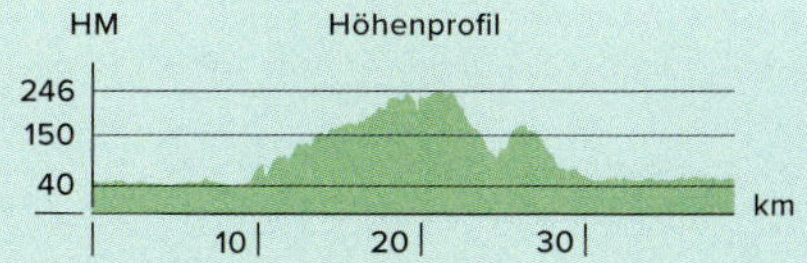

SEHENSWÜRDIGKEITEN

GEFÖRDERT VON DER NRW-STIFTUNG

1. Gartenhaus Dingerkus · Brandstorstraße · 45239 Essen
2. Papiermühlenschleuse
3. Alter Bahnhof Essen-Kettwig · Ruhrtalstraße 345 · 45219 Essen-Kettwig
4. Kettwiger Altstadt
5. Waggonbrücke
6. Eulenbachbrücke
7. Zeche Pörtingsiepen
8. Haus Scheppen
9. Hespertalbahn · Prinz-Friedrich-Platz 3 · 45257 Essen

INFO Veranstaltungen finden von Mai bis September statt. Daneben ist eine Besichtigung nach Absprache für kleinere Gruppen möglich: www.gartenhaus-dingerkus.de.

SCHLAUCHAUTOMATEN

• Baldeneysee • Freiherr-von-Stein-Straße • 45133 Essen
• Stathmos Gleis 2 • Hardenbergufer 700 • 45257 Essen-Kupferdreh

E-BIKE-LADESTATIONEN

• Im Löwental 9 • 45239 Essen-Werden
• Stathmos Gleis 2 • Hardenbergufer 700 • 45257 Essen-Kupferdreh

Der Alte Bahnhof Kettwig ist ein kulturelles Bürger- und Begegnungszentrum geworden.

In die Route steigen Sie am Regattaturm ein - beziehungsweise noch nicht so richtig, denn an dieser Stelle müssen Sie Ihr Rad ein Stückchen schieben. Das ist aber gar nicht schlimm, so haben Sie Gelegenheit, die Atmosphäre auf sich wirken zu lassen und in sie einzutauchen. Dort Trubel, bald darauf Ruhe, wenn Sie an der Ruhr dahinradeln. Auf Höhe des Bahnhofs Werden können Sie die Ruhr überqueren und einen Abstecher in einen der historischen Stadtteile Essens machen. Setzen Sie sich in der GPS-Datei manuell einen Marker auf das **Gartenhaus Dingerkus** 1 in der Brandstorstraße, das sich „vor den Toren der Stadt Werden" befindet. Um 1790 durch den abteilichen Kanzleidirektor Johann Everhard Dingerkus errichtet, stand dieses spätbarocke Kleinod damals allein auf dem bis zur Ruhr reichenden Grundstück. Heute sind nur noch etwa 400 Quadratmeter des ehemals 4.000 Quadratmeter großen Obst-, Gemüse- und Blumengartens erhalten. Haus und Garten wurden 1994 unter Denkmalschutz gestellt und nach historischen Vorbildern renoviert.

Ein schöner Zwischenhalt auf dem Weg von Werden nach Kettwig ist die **Papiermühlenschleuse:** 2 Über eine kleine Zugbrücke gelangen Sie auf eine Ruhrhalbinsel und sehen das ehemalige Schleusengebäude, das heute privat genutzt ist, und die alten Schleusenanlagen. Vor der Schleuse bietet eine Parkbank im Schatten Gelegenheit für eine Picknickrast.

Hübsch gesäumt von Kopfweiden geht es weiter an der Ruhr entlang. Das Einzige, was das geruhsame, nahezu meditative Dahinrollen immer wieder unterbricht, sind Kopfsteinpflasterrinnen alle 50 Meter. In Essen-Kettwig müssen Sie gedanklich Anlauf nehmen und eine kurze, steile Passage ordentlich in die Pedale treten: Die Tour führt Sie über Gleise zum **Alten Bahnhof Essen-Kettwig.** 3 130 Jahre nach der Eröffnung und 25 Jahre nach der Stilllegung wurde das leerstehende Bahnhofsgebäude im Stil des späten Rundbogen-Klassizismus bis 2003 zu einem Bürger-, Sport- und Kulturzentrum umgebaut. Wochentags unterschiedlichste

Einen Abstecher wert: die Kettwiger Altstadt.

Kurse für alle Altersgruppen, an den Wochenenden Konzerte, Vorträge und Kreativmärkte: Das Programm ist abwechslungsreich und bunt.

Ein kleiner Schlenker nach links, schon sind Sie wieder an der Ruhr und radeln auf dem Panoramaweg mit seinen blühenden Beeten gen Ruhrbrücke. Bevor Sie diese überqueren, nehmen Sie sich unbedingt etwas Zeit, die **Kettwiger Altstadt** 4 mit ihren Fachwerk- und Schieferhäuschen und den verwinkelten kopfsteingepflasterten Gassen zu erkunden. Vielleicht mit einem Eis von **Al Ponte** auf die Hand? Auf dem Rückweg zur Route oder von der Ruhrbrücke aus erblicken Sie das **„Tuch"**, das seit 2020 den Kettwiger Skulpturenpark bereichert: ein schweres, rostiges „Tuch", das aus 1.400 Grad Celsius glühendem Eisen in Sand gegossen wurde und sowohl an die Historie von Kettwig als Tuchmacherstadt als auch an die für das Ruhrgebiet typische Stahlindustrie erinnert.

Nach einem kurzen, aber sehr steilen Anstieg mit einer Hindernisbake – im Zweifel schieben Sie hier lieber, denn Sicherheit geht vor – erreichen Sie bald darauf den Panoramaradweg „Niederbergbahn", eine ehemalige Bahntrasse aus den 1920er-Jahren. Entlang der Trasse ziehen zahlreiche Zeugnisse der Ingenieurs- und Baukunst aus den vergangenen 100 Jahren den Blick auf sich. Beispielsweise die deutschlandweit einzigartige **Waggonbrücke** 5 in Heiligenhaus, die extra für den Radweg wieder errichtet wurde: Die ungewöhnliche Konstruktion besteht aus einem ausrangierten

INFO Schauen Sie mal unter www.bahnhof-kettwig.de nach, ob an Ihrem Tourtag ein für Sie interessantes Event stattfindet.

GASTRO-TIPP Bedeutet Kaffee für Sie mehr als den täglichen Koffein-Kickstart? Dann sollten Sie in Heiligenhaus in der Kult-Kaffeerösterei einen Boxenstopp einlegen. Der Werksverkauf ist montags bis freitags von 11 bis 17 Uhr und samstags von 11 bis 14 Uhr geöffnet.

Eisenbahnwaggon, der über die Straße gespannt ist. Im Dunkeln ist die Brücke wunderschön illuminiert.

Etwa 5 Kilometer weiter radeln Sie in Velbert über die **Eulenbachbrücke** 6 - auch Eulenbachviadukt beziehungsweise im Volksmund „Saubrücke" genannt. Diese ehemalige Eisenbahnbrücke wurde ab 1914 aus Naturstein gebaut und bis in die 1990er-Jahre für den Zugverkehr genutzt. Im Gewerbegebiet verlassen Sie den Panoramaradweg und unterqueren die A 535. Noch ein Stück Gewerbegebiet, dann sind Sie im Grünen. Genauer gesagt: Entlang des Hesperbachs und durch sattgrüne Wälder genießen Sie eine gut 2 Kilometer lange Abfahrt, pedalieren dann noch mal bergauf und sausen wieder hinunter. Über das Wandergebiet Pörtingsiepen und das renaturierte Gelände der ehemaligen **Zeche Pörtingsiepen** 7 erreichen Sie den Baldeneysee. Links von Ihnen befindet sich **Haus Scheppen.** 8 Heute bestehen von dem ehemaligen Rittergut noch die Ruinen des Nordwest- und Südwestflügels sowie der zu Gastronomiezwecken hergerichtete Südostflügel. Letzterer gilt in der Region - und sogar darüber hinaus - als Biker-Treff schlechthin. Mehrere **Kioske** verkaufen Getränke und herzhafte Snacks wie Bratwurst mit Pommes. Auch Tische mit Sitzmöglichkeiten sind vorhanden. So lässt es sich hier urig rasten, bevor die Tour weitergeht.

INFO An welchen Tagen und zu welchen Zeiten die Hespertalbahn fährt? Der schnellste Weg zu diesen Informationen ist ein Blick auf die Website: www.hespertalbahn.de.

Rechts von Ihnen liegt der Bahnhof der **Hespertalbahn.** 9 Gezogen von einer Dampflok tuckern die historischen Züge mit gemütlichen 15 km/h die knapp 4 Kilometer lange Strecke vom Alten Bahnhof Kupferdreh zum Haus Scheppen und zurück. Dass die Bahn zumindest in diesem Teilstück noch existiert, ist dem 1975 gegründeten Verein zur Erhaltung der Hespertalbahn zu verdanken. Dessen Ziel war und ist, die durch die Stilllegung der Zeche Pörtingsiepen nicht mehr benötigte Bahnstrecke vor dem völligen Abriss zu retten und mit dem Betrieb die Erinnerung an den Bergbau in Essen wach zu halten.

Der Baldeneysee ist mit einer Fläche von 2,64 Quadratkilometern der größte der fünf Stauseen im Ruhrgebiet.

Ein gutes Stichwort: Alter Bahnhof Kupferdreh. Lassen Sie die Eisenbahnbrücke, über die Sie eigentlich auf die andere Seite des Baldeneysees gelangen, erst mal links liegen und radeln geradewegs auf den Bahnhof zu und daran vorbei. Ihr Ziel: **Lukas, der kulinarische Bahnhof Kupferdreh.** Vor mehr als 20 Jahren wurde der ehemalige Königlich-Preußische Bahnhof zu Kupferdreh liebevoll saniert. Allein das Ambiente der rund 350 Quadratmeter großen alten Bahnhofshalle ist einen Blick wert. Hier oder im riesigen Biergarten um das Gebäude können Sie es sich so richtig gutgehen lassen - egal, ob Sie sich für ein Gericht von der Standardkarte oder eine Tagesempfehlung entscheiden.

Nach dieser Genusspause geht es über die Eisenbahnbrücke auf die andere Seeseite. Links schmiegen sich Yacht-, Segel- und Kanuclubs ans Ufer, rechts säumen schattenspendende Waldstücke den Weg. Bei schönem Wetter ist nicht nur auf, sondern auch am Wasser Hochbetrieb - die Wege für Fußgänger und Radfahrer sind zwar voneinander abgegrenzt, aber zu 100 Prozent hält sich daran kaum jemand. Immer auch den Weg im Blick zu behalten, kann also nicht schaden. Sie finden, dass zu solch einem fantastischen See-Ambiente unbedingt Strandfeeling gehört? Bitte schön: Lassen Sie den Tag im **Seaside Beach** ausklingen. Ob im Bahia-Lounge-Bereich, in den Sonnenstühlen oder auf den gemütlichen Lounge-Betten: Hier wird jede Auszeit zu einem Miniurlaub. Fantastische Cocktails inklusive.

INFO Appetit holen können Sie sich ja schon mal: www.lukas-essen.de.

SEHENSWERTES AM WEGESRAND 269 Räume, 8.100 Quadratmeter Nutzfläche, 28 Hektar Park: Die Villa Hügel in Essen, von 1870 bis 1873 von Alfried Krupp erbaut, war immer schon mehr als nur Wohnsitz der Industriellenfamilie. Seit 1953 ist das Areal für die Öffentlichkeit zugänglich.

AN- UND ABREISE

Bahnhof Hagen-Hohenlimburg

Parkplatz am Bahnhof Hagen-Hohenlimburg (Bahnstraße)

SCHLAUCHAUTOMATEN

- Fahrradhaus Schwarz · Untergrünerstraße 169 · 58644 Iserlohn
- Bike & Outdoor Company · Schwerter Straße 180 · 58099 Hagen

10

Hagen

Leckerhorstweg. Das ist DIE Challenge auf dieser Tour: 1,2 Kilometer mit zwischen 7 und 12 Prozent Anstieg. Unbeirrt hochkurbeln oder ein Stückchen schieben? Das kommt allein auf Sie an. Danach geht es bergab und flach weiter – auf einer Route, die besonders Naturenthusiasten immer wieder zu Stopps zwingt.

44,2 km

2:48 Stunden bei 15,7 km/h

340 Meter ↗ **340 Meter** ↘

Auf Seite 6 finden Sie einen Hinweis, wo Sie die GPS-Daten kostenlos herunterladen können.

Erlebnis	●●●●○
Familientauglich	●●○○○
Schwierigkeit	●●●●●
Schwierigkeit E-Bike	●●●○○

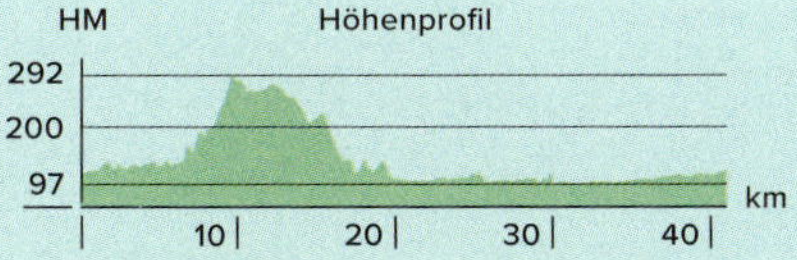

SEHENSWÜRDIGKEITEN

GEFÖRDERT VON DER NRW-STIFTUNG

1. Pater und Nonne
2. Grürmannshöhle
3. Dechenhöhle · Dechenhöhle 5 · 58644 Iserlohn
4. Naherholungsgebiet Sonderhorst
5. Schwerter Innenstadt
6. Rohrmeisterei Schwerte · Ruhrstraße 20 · 58239 Schwerte
7. Ruhraue Syburg

LIEBLINGSTOUR VON DOREEN KÖSTLER

„Du kennst die schönen Seiten von Hagen nicht", sagt mein Freund immer wieder, wenn er mich von seiner Heimatstadt überzeugen will. Gut, Hagen an sich spielt auf der Tour eher eine Nebenrolle, aber die unglaubliche Landschaft an Ruhr und Lenne hat mich wirklich begeistert.

Egal, ob an Bahnhof oder Parkplatz: Das Ankommen am Startpunkt ist entspannt. Haben Sie Proviant vergessen, können Sie alles in einem der Supermärkte gegenüber einkaufen. Satteltaschen und Trinkflaschen sind prall gefüllt? Dann los! Erst mal hoch zur Mühlenbergstraße und an der Kreuzung rechts ab. Entlang der Lenne, durch Industrie- und Wohngebiete. Das mag beim Lesen vielleicht unspannend klingen, ist es aber nicht, denn auf beiden Seiten gibt es immer etwas zu entdecken. Nach wenigen Kilometern sind Sie ohnehin mitten im Grünen.

Aber Sie erreichen gerade eine Bahnschranke. Ist sie offen? Alles fein. Ist sie geschlossen? Das kann zu einer Geduldsprobe werden. Schauen Sie links hinter sich. Am Wegesrand steht etwas versteckt im Grün eine gelbe Säule, die sagt: Anrufschranke. Einfach auf den großen Knopf drücken und die Schranke wird geöffnet. Oder eine freundliche Stimme sagt Ihnen, dass Sie tatsächlich noch etwas warten müssen.

Weiter geht's! Rechts Bahnschienen und wieder Industrie- und Wohngebiete, links viel Grün – Sie merken es, das Bild wiederholt sich. Selbst die Schrankensituation. In Letmathe lässt sich allerdings nichts durch Knöpfchendruck beschleunigen, irgendwann ist der Weg wieder frei. Der führt Sie nach dem Überqueren der neuen Bahnhofsbrücke nach rechts. Vorbei an den Skulpturen „Regionale Westfalen" erheben sich vor Ihnen plötzlich **„Pater und Nonne",** 1 zwei etwa 60 Meter hohe Türme aus Massenkalk. Sie meinen, im Gestein etwas Menschliches zu erkennen? Das kommt nicht von ungefähr – festgehalten in einer Sage: In einem stattlichen Ritterschloss auf dem Burgberg lebten ein Mönch und eine Nonne zusammen, ohne ihre klösterlichen Gewänder abzulegen. Als sie einen mahnenden Brief vom Bischof in die Lenne warfen und den Würdenträger verhöhnten, wurden sie vom Blitz getroffen und in Stein verwandelt. Wer der Geschichte keinen Glauben schenken

TIPP Die Sage von „Pater und Nonne" zum Nachlesen: www.heimatverein-letmathe.de/sage-pater-und-nonne.

Die Dechenhöhle ist eine der schönsten Tropfsteinhöhlen Deutschlands.

mag: Auf dem Burgberg sind die Umrisse einer Burg zu erkennen, die heute als Bodendenkmal ausgewiesen ist. Auch wegen der historisch wertvollen **Grürmannshöhle,** 2 die sich in einem der beiden Felsen befindet, lohnt sich mehr als ein Fotostopp. Die Höhle ist etwa 5 Meter lang, nachdem sie während des Kalkabbaus durch einen Stollen durchtrennt und mit einer Betonwand verschlossen wurde. Aber Achtung! Hier soll der Geist eines Grenzsteinversetzers sein Unwesen treiben. Zurück zur eigentlichen Route, die Sie zur **Dechenhöhle** 3 bringt. Wappnen Sie sich vor einem kurzen, knackigen Anstieg mit scharfer Linkskurve, nachdem Sie die Straßenseite gewechselt haben. Die schlechte Nachricht: Groß Anlauf nehmen können Sie nicht. Die gute Nachricht: Ein Besuch dieser Höhle lässt Sie zu Atem kommen. Atemberaubend wird der Aufenthalt trotzdem, denn die Dechenhöhle gilt als eine der schönsten Tropfsteinhöhlen Deutschlands. Bewundern Sie Stalagmiten (die wachsen vom Boden in die Höhe) und Stalaktiten (die hängen von der Decke), hauchzarte steinerne Vorhänge und vor allem die Kaiserhalle mit der vielleicht schönsten Tropfsteinbildung in einer deutschen Höhle. Direkt am Ausgang der Dechenhöhle können Sie zu einer weiteren Erkundungstour zu Fuß aufbrechen: Der Rundweg um das Naturschutzgebiet und beliebte **Naherholungsgebiet Sonderhorst** 4 – folgen Sie dem weißen Viereck als Kennzeichnung – ist 2 Kilometer lang und führt Sie durch die Lethmather Kalkberge mit

INFO Die Dechenhöhle kann nur mit einer Führung besichtigt werden, die circa 40 Minuten dauert. In der Höhle herrscht ganzjährig eine Temperatur von knapp 10 °C – etwas Warmes zum Drüberziehen sollten Sie also dabeihaben.

TIPP Ganz einfach lassen sich Pflanzen über die Pflanzenerkennung von gardify® bestimmen – entweder über www.gardify.de oder mithilfe der App.

ihrer seltenen Flora und Fauna. Auf dem Kalkmagerrasen, der durch seinen Reichtum an Thymian auffällt, findet man Blaugras und Fransen-Enzian, Kohl-Lauch und Wundklee. Auch seltene Schmetterlingsarten wurden nachgewiesen, zum Beispiel Zwerg-Bläuling, Braunauge und Thymian-Widderchen.

Stärken Sie sich an der Dechenhöhle am besten noch mal und nehmen einen großen Schluck aus der Trinkflasche. Nun warten die beiden Bergetappen auf Sie. Ohne Beschönigung: Die fordern. In erster Linie Kraft und Durchhaltevermögen. Die Straße ist recht eng und Sie müssen mit Autoverkehr von vorn und hinten rechnen. Aber Ersterer rollt wirklich langsam den Berg hinunter und weicht aus, Letzterer wartet eine gefährdungsfreie Überholmöglichkeit ab. Sie können also kurbeln, kurbeln, kurbeln ... Irgendwann haben Sie das Ende des Leckerhorstwegs erreicht und diese Challenge bewältigt. Für eine Picknickrast bietet sich eine Bank an, die quasi das Gipfelkreuz ist. Gucken Sie nach links: Wow, dieser Anstieg! Gucken Sie nach rechts: Was für eine überwältigende Aussicht!

Unterwegs in schönster Natur: Das begeistert die Teilnehmer der NRWRadtour jedes Jahr aufs Neue.

Ab jetzt wird es gemütlicher – wo es hoch geht, geht es ja auch wieder runter. Die Abfahrt können Sie lange genießen und sind danach nur noch flach unterwegs. Rechts und links: grün, grün, grün. Ab und zu Felder, die je nach Jahreszeit auch einfach nur grün sind. Wohlfühlradeln par excellence! Bis in Schwerte-Villigst das Städtische über das Ländliche kurz die Oberhand gewinnt. Diese Route führt Sie über die Ruhrbrücke an der **Schwerter Innenstadt** 5 vorbei. Sollten Sie jedoch Zeit und Muße haben, fahren Sie geradeaus und entdecken eine Altstadt mit romantischen Winkeln und liebevoll gepflegten Fachwerkhäusern, die im Pott ihresgleichen sucht. Eine vielfältige Gastronomie verwöhnt unter anderem mit westfälischen Köstlichkeiten – probieren Sie unbedingt mal den „Schwerter Pannekauken".

War die Route vorher schon landschaftlich toll, wird es auf den nächsten Kilometern schöner und schöner, wenn man Wasser und Natur liebt. Und Architektur. Oder vielmehr: Industriearchitektur. Das beste Beispiel ist die **Rohrmeisterei** 6 in markantem rotem Backstein am Rand von Schwerte. Mit bewegter Geschichte seit 1890, früher eine Pumpstation und im jahrelangen Leerstand zur Ruine geworden, ist sie heute ein Ort für exzellenten kulinarischen Genuss und ausgewählte Kulturerlebnisse. Und unbedingt nicht nur ein Ort zum Mal-eben-Anhalten, sondern zum Immer-wieder-Zurückkehren. Nur wenige Beispiele zum Appetitmachen: Tastings, Lesungen, Konzerte, Filmabende und das „Welttheater der Straße" werden veranstaltet.

GASTRO-TIPP Die Rohrmeisterei ist samstags, sonn- und feiertags jeweils ab 10 Uhr geöffnet.

Zurück auf der Route, genauer gesagt auf dem Ruhrtalradweg, der zu den beliebtesten Flussradwegen gehört. Der Weg ist breit und meistens asphaltiert - man könnte entspannt dahinrollen, wenn einen die idyllischen Postkartenmotive nicht immer wieder zum Anhalten verführen würden. Ein Fotostopp hier, eine Guckpause mit Picknick da. Gut, dass es so viele Bänke und Sitzgruppen gibt! Kurz bevor die Ruhr den Hengsteysee mit ihrem Wasser speist, befindet sich zu Ihrer Linken die **Ruhraue Syburg.** 7 Mit gerade mal 37 Hektar Größe zählt sie seit 1995 zu den kleineren Naturschutzgebieten im Ruhrtal. Über 200 bedrohte Pflanzen- und fast 60 Vogelarten wurden bisher nachgewiesen.

GASTRO-TIPP In der Ausflugsgaststätte „Amsel" sind Radfahrer besonders willkommen. In den Sommer- und Wintermonaten gibt es unterschiedliche Öffnungszeiten.

Am Hengsteysee radeln Sie über die Ruhrbrücke und biegen links auf den Lenneradweg ein. Ehemals in ihrem Flussbett stark begrenzt, darf sich die Lenne nach ihrer Renaturierung auf diesem Abschnitt ausbreiten und eine zauberhafte Auenlandschaft schaffen, die wieder Heimat für seltene Vogelarten wie den Flussregenpfeifer und die Uferschwalbe ist. Auch an Radler wurde gedacht: Glatter Asphalt statt Rüttelpflaster garantiert echten Fahrspaß. Und schneller, als Ihnen vielleicht lieb ist, erreichen Sie wieder Hohenlimburg.

SEHENSWERTES AM WEGESRAND Direkt an der Rohrmeisterei befindet sich die Schwerter Senfmühle, wo seit 1845 in Handarbeit feine Senfspezialitäten hergestellt werden.

AN- UND ABREISE
Bahnhof Halle (Westfalen)
Parkplatz am Bahnhof
(Bahnhofstraße 39)
START
Halle (Westfalen)
Werther (Westfalen)
Borgholz-hausen
Deppendorf
Groß-dornberg
Jöllenbecker Str.
Mühlenbach
Bielefelder Str.
Engerstraße
Warmenau
Graben Vosshelde
Wertherstraße
Suttorfer Str.
Rotingdorf
Borgholzhausener Str.
Nordstraße
Knüll/Storkenberg
Grüner Weg
Gartnischberg
Brackweder Str.
Eggeberger Str.
Bielefelder Str.
Barnhausen
Violenbach
Landweg
Meller Str.
Osnabrücker Str.
Neue Hessel
Ravensberg/Barenberg
Hesseln
Ruthebach
Tatenhauser Wald
Bokel
Hamlingdorf
Hesselner Str.
Hörste
Loddenbach
Nordbruch
Berghauser Weg
Berghausen
An der Bundesstraße
33

11

Halle (Westfalen)

Sanfte Hügel, Wälder und Felder, verstreute Höfe und kleine Ortschaften, zwischendrin Kunst, Kultur und Geschichte unterschiedlichster Art: Sportlicher Radelspaß in der Natur und die Freude am Erkunden von Sehenswürdigkeiten sind auf dieser Tour in einer schönen Balance.

39,9 km
2:38 Stunden bei 15,1 km/h
370 Meter **370 Meter**

Auf Seite 6 finden Sie einen Hinweis, wo Sie die GPS-Daten kostenlos herunterladen können.

Erlebnis	●●●○○
Familientauglich	●●●●○
Schwierigkeit	●●●●○
Schwierigkeit E-Bike	●●○○○

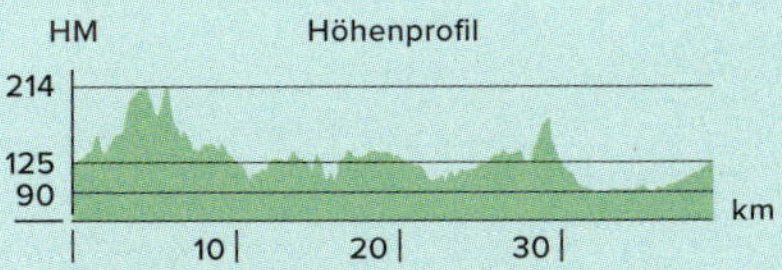

SEHENSWÜRDIGKEITEN
GEFÖRDERT VON DER NRW-STIFTUNG

1. Museum für Kinder- und Jugendwerke berühmter Künstler · Kirchplatz 3 · 33790 Halle (Westfalen)
2. Geschichtspfad „Kaffeemühle"
3. Museum Peter August Böckstiegel · Schlossstraße 109/111 · 33824 Werther (Westfalen)
4. Schloss Brincke
5. Burg Ravensberg · Burg Ravensberg 1 · 33829 Borgholzhausen

SCHLAUCHAUTOMAT
• Café Schulze • Freistraße 23 • 33829 Borgholzhausen

E-BIKE-LADESTATIONEN
• Café Schulze • Freistraße 23 • 33829 Borgholzhausen
• Bahnhof Borgholzhausen • Versmolder Straße 7 • 33829 Borgholzhausen

INFO Machen Sie sich vorab am besten selbst ein Bild: www.museum-halle.de.

Historische Altstädte verströmen ja immer einen ganz besonderen Charme, das westfälische Halle macht hiervon absolut keine Ausnahme. Besonders der Kirchplatz mit seinen gepflegten Fachwerkhäusern – im Volksmund „Haller Herz" genannt – erfreut das Auge. Wenn Sie möchten, natürlich auch Gaumen und Magen: Im Umkreis tummeln sich einige **Lokalitäten,** die von süß bis deftig alles bieten. Am Kirchplatz 3 steht das älteste Gebäude, ein Fachwerkhaus aus dem Jahr 1246, das aufwendig und liebevoll restauriert wurde. Hinter seinen Mauern hat ein Kunstmuseum seine Heimat gefunden.

„Nun gut, ein Museum mit Werken großer Künstler hat fast jede Stadt", höre ich Sie sagen. Stimmt auch. Dennoch ist dieses anders: Im **Museum für Kinder- und Jugendwerke berühmter Künstler** 1 hängen – wie der Name sagt – Zeichnungen und Malereien, die berühmte Künstler in Kindheit und Jugend angefertigt haben. Zu sehen sind beispielsweise Frühestwerke von Conrad Felixmüller, Paul und Felix Klee, August Macke, Ernst Ludwig Kirchner und Pablo Picasso. Das Faszinierende: Oft erkennt man bereits Motive und Elemente, die in vielen späteren Bildern aufgegriffen werden. Bei Ernst Ludwig Kirchner ist es der Mann im blauen Anzug mit Zylinder und Zigarette, bei Paul Klee die Liebe zu Spiralen und geometrischen Formen. Was Sie für einen Besuch auf jeden Fall mitbringen sollten? Zeit und Entdeckerfreude, denn auf den insgesamt vier Etagen gibt es unglaublich viel zu sehen, jede Wand, jeder Winkel, jede Nische ist für die Präsentation genutzt.

Vorbei am **Naturdenkmal „Haller Baum"** verlassen Sie Halle. Zu Ihrer Rechten ist im Stadtwald ein Abstecher zum **Geschichtspfad „Kaffeemühle"** 2 empfehlenswert. An 13 Stationen entdecken Sie Relikte des um 1800 entstandenen Landschaftsparks der Kaufmannsfamilie Hagedorn, zu denen auch

Blick auf den „Museumsfindling" inmitten einer Streuobstwiese.

ein Aussichtspavillon gehört, der wegen seiner Form „Kaffeemühle" heißt. Darüber hinaus finden sich ein Waldfriedhof, die Absturzstelle eines Halifax-Bombers aus dem Zweiten Weltkrieg und ein Denkmal für den Minnesänger Walther von der Vogelweide. Auf dem Weg nach Werther geht es ein bisschen hoch und an einer Stelle ziemlich steil hinunter. Doch das ist nicht die einzige Herausforderung, denn genau hier wechselt der Belag von Asphalt in Pflastersteine. Fahren Sie deshalb bitte angepasst und bleiben Sie konzentriert!
Sie passieren den südlichen Stadtrand von Werther und werden zum **Museum Peter August Böckstiegel** 3 geführt. Der 1889 in Arrode geborene Maler, Grafiker und Bildhauer Peter August Böckstiegel studierte zwar in Bielefeld und Dresden, kehrte aber nach der Zerstörung seines Ateliers und vieler seiner Werke 1945 in sein Elternhaus zurück, das er in leuchtendem Rot gestaltete. Sanfte Hügel, Wälder, kleinteilige Felder: Alles, was Sie auf dieser Tour landschaftlich bereits kennengelernt

SEHENSWERTES AM WEGESRAND Kunstvoll geht es auch auf dem Alten Friedhof an der Bahnhofstraße zu: Im Skulpturenpark können Sie zahlreiche Werke regionaler Künstler bewundern.

INFO Erste Einblicke erhalten Sie auf der Museumswebsite www.museumpab.de. Außerdem finden Sie hier alle Informationen zu Sonderausstellungen und Öffnungszeiten.

Wer bis an die dicken Sandsteinmauern der Burg Ravensberg heraufkommt, erkennt den Wehrturm mit seinen 30 Zinnen und der alten Ringmauer.

haben, hielt Böckstiegel in seinen Werken fest - er setzte eben das um, was ihn seit Kindheitstagen umgab. Nach seinem Tod 1951 konnten sich Besucher im Künstlerhaus mit Atelier seinem Leben und Schaffen nähern, als richtiges Ausstellungshaus war es jedoch zu klein. Seit 2018 ergänzt es deshalb ein „Museumsfindling" im hohen Gras einer Streuobstwiese, in dem Werke Böckstiegels und Sonderausstellungen zur klassischen Moderne präsentiert werden.

Brauchen Sie Proviantnachschub? In Werther kommen Sie an einigen **Supermärkten** und **Bäckereien** vorbei. Soll es etwas schnelles Deftiges auf die Hand sein, werden Sie ebenso fündig. Ein bisschen Energie tanken, kann nicht schaden. Denn die folgenden Kilometer bringen lediglich über ein welliges Profil, die reizvolle Landschaft und kleine Ansiedlungen Abwechslung ins Spiel. Am oberen Ortsrand von Theenhausen können Sie übrigens über die Grenze von Nordrhein-Westfalen zu Niedersachsen hüpfen.

Kurz vor Borgholzhausen liegt **Schloss Brincke** 4 am Weg, eine der schönsten Wasserschlossanlagen in ganz Ostwestfalen. Zu ihr gehören sowohl das auf Holzpfählen errichtete und von Wasser umgebene prächtige

Herrenhaus von 1674 als auch eine auf 1898 datierte neoromanische Schlosskapelle, in der ein wertvolles Triumphkreuz zu sehen ist. Zwischen beidem wurde ein Museumsgebäude errichtet, in dem die jahrhundertelange Geschichte dargestellt wird. Eine Besichtigung mit Führung durch die Schlossanlage ist nach vorheriger Absprache (Telefon 05425/930151) möglich. In Borgholzhausen sollten Sie unbedingt im nostalgischen **Café Schulze** eine Genusspause bei Gebäck- oder Lebkuchenspezialitäten, ausgezeichneten Torten oder herzhaften westfälischen Schnittchen einlegen; besonders gemütlich sitzt es sich auf der Gartenterrasse.

Nicht weit entfernt lugt auf einer Bergkuppe des Teutoburger Waldes ein mächtiger Turm hinter Bäumen hervor. Er gehört zur **Burg Ravensberg,** 5 die im frühen 12. Jahrhundert als Stammsitz der Grafen von Ravensberg-Calvelage errichtet wurde. Erhalten sind der mächtige, zur Angriffsseite zugespitzte romanische Bergfried mit seiner gemauerten Plattform und Relikte der Umfassungsmauern. Besonders beeindruckend ist aber der Brunnen. Mit 104 Metern ist er nicht nur der tiefste im Original erhaltene mittelalterliche Brunnen, sondern steht wirklich noch genauso da, wie er vor fast 1.000 Jahren erbaut wurde - inklusive der funktionstüchtigen alten Fördertechnik. Einkehren können Sie in der Burggastronomie im **Forsthaus,** das nach Plänen des preußischen Baumeisters Karl Friedrich Schinkel gestaltet wurde. Ganzjährig finden auf dem Burggelände verschiedene Veranstaltungen statt - vom Mittelaltermarkt bis zu Vorträgen und Konzerten.

Durch Wäldchen und ein buntes Feldmosaik, vorbei an den Wasserschlössern Holtfeld und Tatenhausen, die sich in Privatbesitz befinden, erreichen Sie wieder Halle. Wie Sie wissen, ist der Kirchplatz nicht weit vom Bahnhof entfernt. Lassen Sie die Tour ganz gemütlich im **Restaurant Dietz** ausklingen - hier wird das eigene Motto „Kochen ist eine Kunst, Genießen ein Glück, Zusammensein ein Geschenk" wirklich gelebt. Guten Appetit und schöne Erholung!

INFO Eine liebenswerte Idee ist außerdem der Online-Konfigurator für Lebkuchenherzen: www.schulze-ladencafe.de.

INFO Turmbegehungen sind nur bei Veranstaltungen oder privat angemeldeten Führungen möglich: www.burg-ravensberg.de. Die Burggastronomie ist samstags und sonntags von 12 bis 17 Uhr geöffnet.

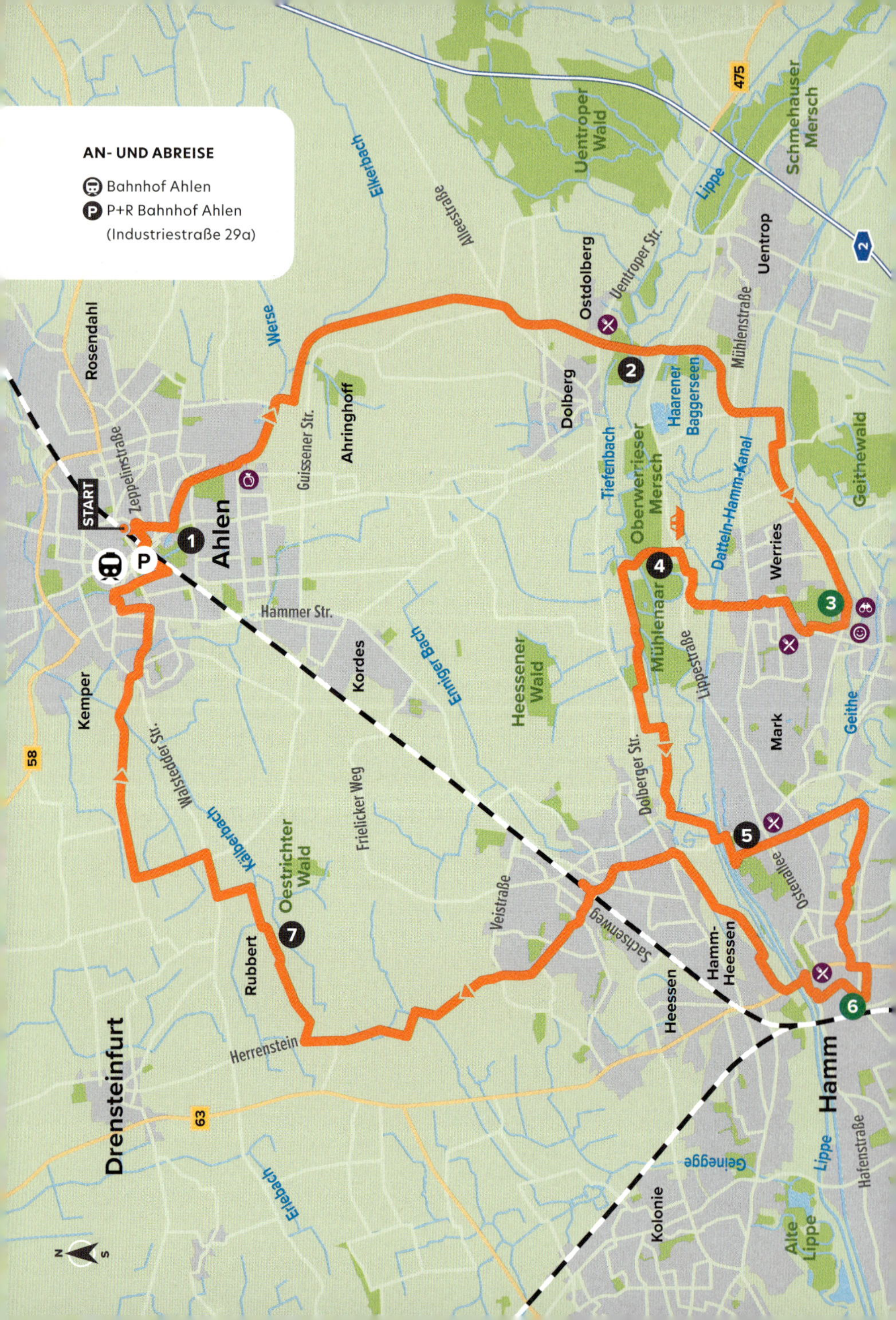
AN- UND ABREISE
Bahnhof Ahlen
P+R Bahnhof Ahlen
(Industriestraße 29a)
START
Ahlen
Hamm
Drensteinfurt
Rosendahl
Zeppelinstraße
Kemper
Walstedder Str.
Kälberbach
Oestrichter Wald
Rubbert
Herrenstein
Erlebach
Frielicker Weg
Hammer Str.
Kordes
Ennigerbach
Heessener Wald
Veistraße
Sachsenweg
Heessen
Hamm-Heessen
Guissener Str.
Ahringhoff
Werse
Elkerbach
Alleestraße
Uentroper Wald
Ostdolberg
Uentroper Str.
Dolberg
Tiefenbach
Oberwerrieser Mersch
Haarener Baggerseen
Mühlenaar
Dolberger Str.
Lippestraße
Datteln-Hamm-Kanal
Mühlenstraße
Uentrop
Schmehauser Mersch
Lippe
Werries
Geithewald
Mark
Geithe
Ostenallee
Geinegge
Kolonie
Alte Lippe
Hafenstraße
475
2
58
63

Hamm

Ob aus Glas oder Blumen, als Skulptur oder kleineres Modell: Der Elefant, das Wahrzeichen Hamms, begegnet Ihnen auf Schritt und Tritt. Und in Ahlen? Hier ziehen bunte Mammuts die Blicke auf sich, schließlich wurde 1910 im Stadtgebiet ein etwa 40.000 Jahre altes Mammutskelett entdeckt.

47,3 km **Fähre**
2:51 Stunden bei 16,6 km/h
150 Meter **150 Meter**

Auf Seite 6 finden Sie einen Hinweis, wo Sie die GPS-Daten kostenlos herunterladen können.

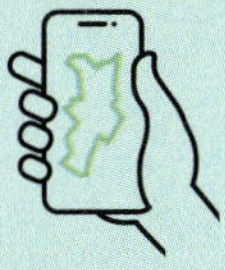

Erlebnis	●●●○○
Familientauglich	●●○○○
Schwierigkeit	●●○○○
Schwierigkeit E-Bike	●○○○○

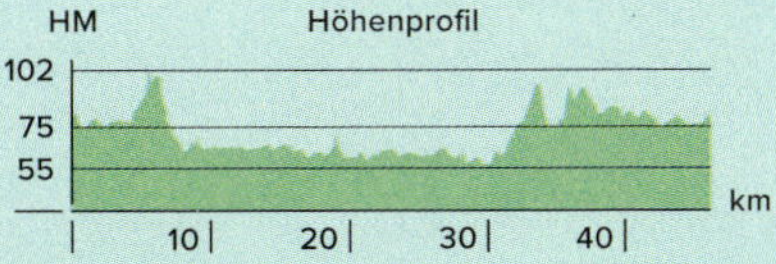

SEHENSWÜRDIGKEITEN
GEFÖRDERT VON DER NRW-STIFTUNG

1. Berliner Park
2. Lippeauen
3. Maximilianpark mit Naturerlebnispfad · Alter Grenzweg 2 · 59071 Hamm
4. Lippefähre „Lupia“
5. Kurpark Hamm
6. Gustav-Lübke-Museum · Neue Bahnhofstraße 9 · 59065 Hamm
7. Brennerei Northoff

Spielen, verweilen, am Wasser sitzen: Der Berliner Park ist ein Ort für Erholung und Bewegung.

Manchmal lohnt sich vom Start weg das Verlassen der Streckenführung. So auch in Ahlen: Erkunden Sie den **Berliner Park,** 1 der vor einigen Jahren neu als Bewegungs- und Sportpark mit Beachvolleyballfeldern, einem Fußballkäfig und Spielplätzen gestaltet wurde. In seinem südlichen Zipfel können Sie Mountainbikern auf der Dirt-Bike-Bahn zuschauen, wie sie auf fünf Hügeln Mut, Koordination und Fahrtechnik unter Beweis stellen. Schon seit 1964 stehen im Park übrigens eine Bronzeskulptur „Berliner Bär" und eine Betonstele als Mahnmal für die geteilte Stadt Berlin – Gründe, warum der Park damals in „Berliner Park" umbenannt wurde. Heute stehen beide Exponate mit einem Originalstück der Berliner Mauer im Park auf dem Platz der Städtepartnerschaft.

Zurück auf der Route führt Sie der WerseRadweg aus Ahlen hinaus. Erst 2022 wurde die Renaturierung der Werse im Innenstadtbereich bis hinter das Wersestadion abgeschlossen: Wieder frei fließend, schlängelt sich das Flüsschen als blaues Band durch Ahlen. Welche Flora und Fauna sich hier künftig ansiedeln? Man darf gespannt sein ... In Richtung Hamm führt die Route an der Ahlener Zeche Westfalen vorbei. Zwischen Schacht 3 und Schacht 4 der ehemaligen Zeche befindet sich ein ruhig gelegener Picknickplatz mit Aussichtsturm und Informationstafel zur Geschichte dieser Gegend. Einige Kilometer weiter kreuzen Sie auf der Höhe von Dolberg und Ostdolberg die Uentroper

SCHLAUCHAUTOMATEN

- Zweirad-Center Dammann · Ostbredenstraße 49 · 59229 Ahlen
- Maximilianpark · Alter Grenzweg 2 · 59071 Hamm

E-BIKE-LADESTATIONEN

- Maximilianpark · Alter Grenzweg 2 · 59071 Hamm
- Schloss Oberwerries · Zum Schloss Oberwerries 1 · 59073 Hamm
- Hauptbahnhof Hamm · Radstation · Willy-Brandt-Platz 1 · 59065 Hamm

Straße. Also eigentlich. Lassen Sie sich bitte zu einer kulinarischen Auszeit bei **Tante Malchen** verführen! Diesen Umweg von insgesamt einer Viertelstunde werden Sie garantiert nicht bereuen: Im Hofladen können Sie Bioprodukte und regionale Leckereien von ausgewählten Lieferanten kaufen und im liebevoll eingerichteten Landcafé müssen Sie ganz einfach Tante Malchens Lieblingskuchen mit Früchten, Stippmilchsahne und Pumpernickelboden probieren - so, so lecker!

Kurz vor Hamm radeln Sie durch die **Lippeauen,** 2 in denen der Fluss mit seinem unbefestigten Ufer weitgehend naturnah erhalten ist. Altarme, Teiche, Gräben, Bäche und Feuchtwiesen prägen die idyllische Szenerie. Gleichzeitig sind die Auen Heimat vieler seltener Vogelarten: Ob Eisvogel, Kiebitz, Rohrweihe oder Wachtelkönig - sie alle finden hier genau den Lebensraum, den sie brauchen. Die Lippeauen zwischen Welver-Hangfort und Hamm sind übrigens als sogenanntes Flora-Fauna-Habitat-Gebiet deklariert. In ganz Europa gewährleisten diese Gebiete, dass ökologische Wechselbeziehungen zwischen den Naturräumen nicht unterbrochen oder wiederhergestellt werden.

Nach der ersten Überquerung des Dattel-Hamm-Kanals (drei weitere folgen in recht kurzen Abständen) erreichen Sie den **Maximilianpark** 3 auf dem ehemaligen Gelände der Zeche Maximilian. Ganz ehrlich: Er ist viel zu abwechslungsreich, zu sehenswert, zu groß für eine Stippvisite. Nehmen Sie diesen Hinweis deshalb als Empfehlung für ein Wiederkommen mit jeder Menge Zeit im Gepäck. Das Wahrzeichen des Parks und der Stadt Hamm überhaupt zieht direkt hinter dem Haupteingang Ihren Blick auf sich: der größte Glaselefant der Welt, eine begehbare Plastik, in die die alte Kohlenwäsche anlässlich der Landesgartenschau 1984 verwandelt wurde. Fahren Sie im gläsernen Rüssel nach oben und genießen Sie aus 35 Metern Höhe einen einmaligen Panoramablick auf Park, Stadt und Umland! Im Elefanten befindet sich außerdem ein Garten mit zehn beweglichen Kunstobjekten, von denen neun von

INFO Montags und dienstags sind Ruhetage für Hofladen und Landcafé. Saisonal variieren die Öffnungszeiten leicht, aber der Blick auf die Website verrät Ihnen Genaueres: www.tantemalchen.de.

TIPP Auf der 2022 erweiterten „Natur-Spur" im Maximilianpark erleben Besucher die Ruhe des Waldes und werden für ihre Umwelt und die Natur sensibilisiert. www.maximilianpark.de.

Ihnen gesteuert werden können. Was es sonst noch alles zu entdecken gibt? Da ist zum einen das schönste Schmetterlingshaus Nordrhein-Westfalens, zum anderen sind es unzählige Skulpturen aus Stein, Holz und anderen Materialien sowie viele Zechenrelikte. Nicht zu vergessen: die Pflanzenkunstwerke „GartenKunst", „NaturGestalten" und „GrünFormen" des holländischen Gartenarchitekten Piet Oudolf, durch die Sie auf kleinen Wegen schlendern können. Dazu kommen ein Piratenschiff, Kletternetze, ein Dschungelspielplatz und ein Wasserfontänenfeld, wo sich kleine Besucher nach Herzenslust austoben können. Und, und, und. ☺

INFO Online Appetit holen und schauen, wann „Die Knolle" geöffnet ist? Bitte hier entlang: www.knolle-hamm.de.

Brauchen Sie eventuell Proviantnachschub? In unmittelbarer Nähe von der Maximilianstraße, auf der Sie sich gerade bewegen, finden Sie **Supermärkte** und **Discounter.** Oder darf es etwas richtig Deftiges auf dem Teller sein? Dann bietet sich das **Restaurant „Die Knolle"** etwas abseits der Strecke an. Checken Sie vorher nur die Öffnungszeiten, nicht dass Sie vor verschlossener Tür stehen, weil Sie zu zeitig Einlass begehren.

Wieder hinüber über den Dattel-Hamm-Kanal und durch einen Teil der Lippeauen radeln Sie gen Lippe. Direkt am Weg steht ein Storchenrad; vielleicht haben Sie ja Glück und die stolzen, eleganten Vögel lassen sich von Ihnen ein Weilchen beobachten. Ein paar Meter weiter ist auf der **Lippefähre „Lupia"** 4 - so der römische Name der Lippe - Ihre volle Muskelkraft gefordert, damit Sie sich von der einen auf die andere Seite ziehen können. Regulär wird die Fähre im April ins Wasser gelassen und kann bis einschließlich Oktober von 7 bis 20 Uhr kostenlos genutzt werden. Ausnahmen von dieser Regel gibt es trotzdem, sei es das Wetter oder der Wasserstand.

Die Lippeauen formen eine idyllische Naturlandschaft.

INFO Geänderte Zeiten sowie eventuelle Sperrungen werden über die Presse und Aushänge vor Ort bekannt gegeben. Recherchieren Sie also besser im Vorfeld.

Vorbei am Wasserschloss Oberwerries, das von der Stadt Hamm als Bildungs- und Begegnungsstätte genutzt wird, und an Schloss Heessen mit seinen imposanten Turmspitzen, das Privatschule und Internat ist, geht es nun zum dritten Mal über den Dattel-Hamm-Kanal. Im **Kurpark Hamm** 5 entdecken Sie bei einem Spaziergang viele Spuren aus der Zeit, als Hamm noch Badekurort war, beispielsweise das alte Kurhaus. Auch ein Gradierwerk erinnert an diese Tradition, allerdings wurde es erst 2009 errichtet. Direkt im Kurpark lädt Sie das **Restaurant „Altes Fährhaus"** in einem historischen Bauernhaus zu einer feinen kulinarischen Pause ein.

Entlang der Ahse und von Grünflächen fahren Sie – Achtung, zum Teil über Kopfsteinpflaster! – zum **Gustav-Lübcke-Museum** 6 mit seiner elegant geschwungenen Fassade, die an einen überdimensionalen Konzertflügel erinnert. Der Namensgeber ist ein in Hamm geborener Kaufmann und Kunstliebhaber, der 1917 seine umfangreiche Sammlung der Stadt schenkte. Die fünf großen Dauerausstellungen spiegeln die Vielfalt der gestifteten Kollektion wider, ein Highlight ist dabei unumstritten die größte Ägyptensammlung im Ruhrgebiet, zu der auch zwei wertvolle Mumiensärge gehören. Zahlreiche Sonderausstellungen runden das Museumsprogramm ab.

INFO Am „Hammer Museumstag" an jedem ersten Sonntag im Monat ist für Erwachsene der Eintritt in die Dauerausstellungen frei. Für die Sonderausstellungen gilt dann ein ermäßigter Tarif. www.museum-hamm.de

Bevor Sie ein letztes Mal den Dattel-Hamm-Kanal überqueren: Wie wäre es zu Ihrer Rechten im **R-Café** mit einer kleinen Auszeit im Grünen mit direktem Blick aufs Wasser? Danach sind Sie für die letzte Etappe bestens gestärkt und erholt. Nachdem Sie Hamm-Heessen hinter sich gelassen haben, radeln Sie durch Felder und bei herrlichen Ausblicken entspannt zurück nach Ahlen. Ein hochprozentiges Andenken können Sie noch in der **Brennerei Northoff** 7 erwerben: Deren Likör „Nordsturm" ist ein echter Klassiker für Liebhaber deutscher Kräuterspirituosen.

In Ahlen heißt es dann: Gute Heimreise! Hoffentlich mit vielen schönen neuen Erinnerungen!

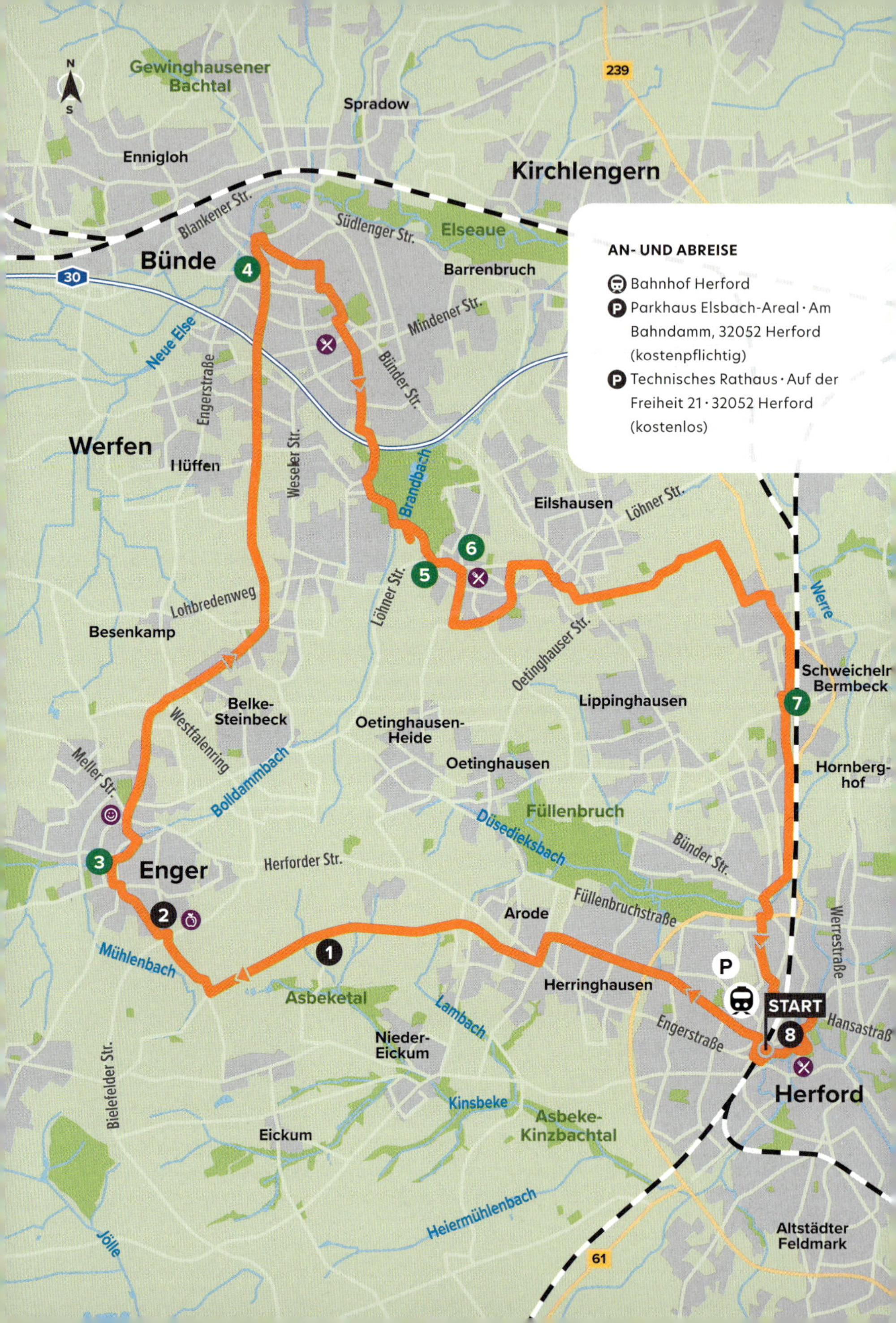

AN- UND ABREISE

Bahnhof Herford

Parkhaus Elsbach-Areal · Am Bahndamm, 32052 Herford (kostenpflichtig)

Technisches Rathaus · Auf der Freiheit 21 · 32052 Herford (kostenlos)

13

Herford

Natur pur, malerische kleine Städte und unterschiedlichste Zeugen lokaler Geschichte warten auf knapp 35 Kilometern darauf, von Ihnen buchstäblich erfahren zu werden. Überwiegend sind Sie auf festem Belag unterwegs, aber auch nicht ganz so glatte Wald- und Feldwege lassen sich problemlos meistern.

34,4 km

2:13 Stunden bei 15,5 km/h

220 Meter **220 Meter**

Auf Seite 6 finden Sie einen Hinweis, wo Sie die GPS-Daten kostenlos herunterladen können.

Erlebnis	●●●○○
Familientauglich	●●●●○
Schwierigkeit	●●○○○
Schwierigkeit E-Bike	●○○○○

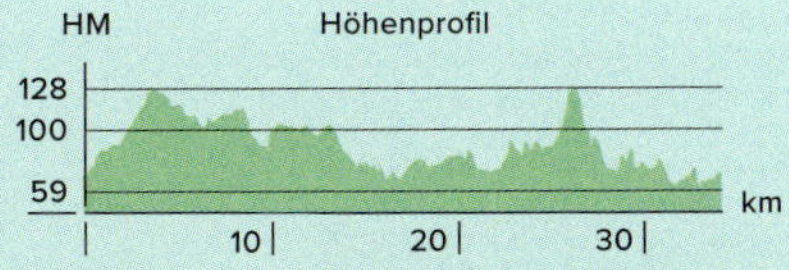

SEHENSWÜRDIGKEITEN
GEFÖRDERT VON DER NRW-STIFTUNG

1. Hof Gerdener
2. Liesbergmühle
3. Gerbereimuseum · Hasenpatt 4 · 32130 Enger
4. Museumsinsel · Fünfhausenstraße 12 · 32257 Bünde
5. Biologiezentrum Bustedt · Gutsweg 35 · 32120 Hiddenhausen
6. Holzhandwerksmuseum · Maschstraße 16 · 32120 Hiddenhausen
7. Museumsschule Hiddenhausen · Blumenstraße 60 · 32120 Hiddenhausen
8. MARTa Herford

SCHLAUCHAUTOMAT
• Lukas, der Fahrraddoktor • Strotweg 29 • 32257 Bünde

E-BIKE-LADESTATION
• Parkhaus Elsbach-Areal • Am Bahndamm • 32052 Herford

INFO Beim Deutschen Mühlentag, der traditionell an Pfingstmontag stattfindet, zeigen Ihnen die Naturfreunde Enger das Innenleben der Liesbergmühle.

INFO Samstags ist das Gerbereimuseum von 15 bis 18 Uhr geöffnet, sonntags sogar von 11 bis 18 Uhr.

Rauf aufs Rad und los! Wohngebiete, Felder und gut gepflegte alte Bauernhöfe prägen das Bild der ersten Kilometer. Beispielsweise der **Hof Gerdener,** 1 der schon seit dem 15. Jahrhundert bewirtschaftet wird und sich der Aufzucht und Haltung von Weideschweinen verschrieben hat. Verfüttert wird ausschließlich Getreide von den eigenen Feldern. Vielleicht nehmen Sie sich hier etwas Wurst als deftige Komponente für ein späteres Picknick mit? Ein paar Meter weiter können Sie, sofern Saison ist, gegen einen Obolus sonnengereifte Erdbeeren vom Feld pflücken – fertig ist direkt auch das Dessert!

An der **Bismarckeiche,** die zum Gedenken an den ersten deutschen Reichskanzler gepflanzt wurde und seit 1992 als Naturdenkmal unter Schutz steht, biegen Sie rechts in die Widukindstadt Enger ab. Und sehen direkt auf dem höchsten Punkt des Städtchens auch dessen Wahrzeichen vor sich: die **Liesbergmühle.** 2 Seit 1960 ist sie zwar nicht mehr in Betrieb, wurde jedoch bereits mehrfach restauriert und enthält noch ihre Mahlwerke mit den hölzernen Zahnrädern. Vom Picknickplatz an der Mühle haben Sie einen herrlichen Blick auf das Ravensberger Hügelland.

Mitten in Enger erreichen Sie wenig später das **Gerbereimuseum,** 3 das bundesweit einzige seiner Art, das sich noch am Originalstandort befindet. Über 250 Jahre stellte die Familie Sasse dort Leder her, zunächst in reiner Handarbeit, ab Ende der 1930er-Jahre mit maschineller Unterstützung und über das Chromgerbverfahren. Diese Umstellung machte die Arbeit körperlich nicht nur wesentlich leichter, sondern verkürzte sie von ursprünglich zwei Jahren auf gerade mal drei Wochen. Heinrich Sasse, der letzte Gerber, schloss 1995 den Betrieb. Die langjährige Tradition ist heute im Museum in der alten Werkstatt in einer Ausstellung zum Anfassen erlebbar – untermalt von einer historischen Geräuschkulisse.

Durch den Stadtpark „Maiwiese" mit einem Wasserspielplatz und einer idyllischen Holzbrücke über den Bolldammbach verlassen Sie Enger. Vorbei an

Wohn- und Gewerbegebieten und Feldern strampeln Sie der nächsten Stadt entgegen: Bünde. Dieser Ort überrascht Sie mit einer **Museumsinsel** 4 als sehenswerter Besonderheit. In einem Ensemble aus denkmalgeschützten und neuen Gebäuden sind drei Ausstellungshäuser vereint. Flaggschiff ist das 1937 gegründete Deutsche Tabak- und Zigarrenmuseum. Anfang des 20. Jahrhunderts galt Bünde als „Zigarrenstadt" Deutschlands, ein Großteil der örtlichen Bevölkerung war in diesem Industriezweig beschäftigt. 31 Medienstationen und mehr als 2.000 Ausstellungsstücke lassen Sie in die Welt des Tabaks eintauchen.

Im Tiefgeschoss des benachbarten Dobergmuseums befindet sich die geologische Dauerausstellung „Expedition Doberg". Knapp 1.000 Exponate bringen Ihnen die regionale Erdgeschichte näher. Immerhin stammen einige Stücke aus dem Oligozän, sind also unvorstellbare 30 Millionen Jahre alt. Übrigens: Damals war ungefähr da, wo heute Bünde liegt, die Küste eines subtropischen Meeres. In den Fachwerkhäusern „Hurlbrinksches Haus" und „Spieker" befindet sich die regionalgeschichtliche Dauerausstellung des Museums. Ersteres ist ein altes Handwerker- und Ackerbürgerhaus, in dem über das Leben und Arbeiten Ende des 19. Jahrhunderts informiert wird. Letzteres widmet sich in seiner Ausstellung dem Weg vom Flachs zum Leinen. Auf dem Gelände steht auch das „Dammhaus", das mit über 400 Jahren älteste erhaltene Bauernhaus im ganzen Kreis Herford.

INFO Informationen zu Führungen, Öffnungszeiten und Eintrittspreisen erhalten Sie unter www.buende.de/Freizeit-Tourismus/Museum.

Seit 1982 ist Gut Bustedt ein Biologiezentrum, das Umweltbildung und Biologieunterricht im Freien anbietet.

INFO Weitere Informationen zu Museum und Café finden Sie unter www.holzhandwerks-museum.de und www.cafe-hiddenhausen.de.

Im Anschluss an den Museumsbesuch führt Sie ein kleiner Schlenker durch die Bünder Innenstadt mit einigen **Cafés** und **Restaurants** zum Einkehren. Beim Schlemmen und Schauen können Sie ja ein wenig sinnieren, welches Material neben Leder, Tabakpflanzen und Flachs für die Region wesentlich war ... Frisch gestärkt rollen Sie aber erst mal nach und nach aus Bünde heraus und wenn Sie die A 30 hinter sich gelassen haben, wird es wieder grün statt urban. Die Waldwege im Bustedter Holz bringen Sie zum **Biologiezentrum Bustedt.** 5 Allein der Blick von außen lohnt sich, schließlich befindet sich das Zentrum im Gut Bustedt, einer der wenigen Wasserburgen des Kreises Herford. Nach einer aufwendigen Sanierung zog Anfang der 1980er-Jahre das Biologiezentrum in die Räumlichkeiten, das jährlich über 30.000 Kinder und Jugendliche aus ganz NRW mit Biologie vertraut macht.

In Hiddenhausen wird Ihnen spätestens mit Ihrem Stopp am **Holzhandwerksmuseum** 6 bewusst, welches Material den regionalen Reigen komplett macht. Ob Tischlern, Drechseln, Sägen oder Hobeln: Die beiden als Zehntscheunen – hier wurden die Zwangsabgaben der Bauern gelagert – erbauten Fachwerkhäuser auf dem denkmalgeschützten Gut Hiddenhausen geben faszinierende Einblicke in die verschiedenen Holzbearbeitungsformen. Besonders authentisch wird dieses Erlebnis in der voll ausgestatteten alten Tischlerwerkstatt. Insgesamt sind mehr als 1.500 Werkzeuge und

Maschinen aus der Zeit vor 1955 zu bestaunen. Gleich neben dem Museum genießen Sie im **Café „Alte Werkstatt"** Kaffeespezialitäten sowie hausgemachte Kuchen und Torten.

„Hefte raus! Wir schreiben einen Test. Jeder Betrugsversuch wird mit einer Sechs geahndet!" Diese Sätze aus der Schulzeit können Sie wahrscheinlich noch heute mitsprechen, mit leicht genervtem Augenrollen, versteht sich. Dass Schule früher sich davon deutlich unterschied: Ja, man weiß es. Aber in der **Museumsschule Hiddenhausen** 7 in Schweicheln-Bermbeck können Sie bei einer Führung mit typisch preußischer Schulstunde – Fleiß! Disziplin! Ordnung! Pünktlichkeit! – eine echte Zeitreise antreten. Neben dem Üben der deutschen Schrift mit dem Griffel auf einer Schiefertafel und Rechnen mithilfe eines Abakus' ist das Erlernen einer Lobeshymne auf den Kaiser Teil des Unterrichts. Und kommen Sie bloß nicht auf die Idee, den Lehrer auch nur im Ansatz zu erzürnen! Gelangen Sie beispielsweise an ein Double von Dorflehrer Schnücke, wird es garantiert unangenehm. Dann finden Sie sich schon mal in der Ecke stehend wieder. Von anderen üblichen Strafritualen wird glücklicherweise nur berichtet. Apropos: Wussten Sie, dass erst ab den 1960er-Jahren die Bundesländer körperliche Züchtigung verboten? Bayern sogar erst 1983.

INFO Eine Führung mit Schulstunde dauert etwa zwei bis drei Stunden. Informationen und Kontaktmöglichkeiten – auch zur buchbaren Kaffeepause im Schulspeicher – finden Sie unter www.museumsschule.de.

Der Name „MARTa" setzt sich aus den Kürzeln für Möbel (M), Kunst (ART) und Ambiente (a) zusammen.

Durch hübsche Wohnviertel und am Flüsschen Werre entlang erreichen Sie schließlich wieder Herford. Haben Sie noch Zeit und Lust, sich hier ein bisschen genauer umzuschauen? Ein Sightseeing-Muss ist das von Stararchitekt Frank O. Gehry entworfene **MARTa Herford,** 8 das wie ein eigenes Kunstwerk in der Stadt steht. Edelstahl und roter Backstein, gerade Linien, rechte Winkel, fließende Wände formen eine atemberaubende Architektur. Innen ist zeitgenössische Kunst von internationalem Rang ausgestellt. Für den passenden Ausklang bietet sich das **cxielo** oder – sofern es bereits 18 Uhr ist – das **Wohnzimmer** an.

INFO Öffnungszeiten sind saisonal gern mal unterschiedlich. Werfen Sie bitte vorher einen Blick auf www.cxielo.de beziehungsweise www.wohnzimmer.de.

AN- UND ABREISE
Bahnhof Jülich
P+R am Bahnhof Jülich
E-BIKE-LADESTATION
• Touristeninformation Schlossplatz · Jülich
START
Jülich
Linnich
Ameln
Spiel
Sevenich
Hasselsweiler
Hompesch
Boslar
Gevenich
Kiffelberg
Tetz
Mersch
Pattern
Güsten
Welldorf
Broich
Koslar
Merzenhausen
Flossdorf
Rurdorf
Lorsbeck
Barmener See
Rurmäander
Kellenberger Kamp
Rur
Ellebach
Mühlengraben
Landwehrgraben
Malefinkbach
Rödinger Str.
Welldorfer Str.
Römerstraße
Haubourdinstraße
Merscher Höhe
Von-Schöfer-Ring
Aachener Landstraße
Hasenfelder Str.
Heerbahn
Müntzerweg
Hochstraße
Kreisstraße
L 258
L 241
L 213
L 264
44
55
56
57

14

Jülich

Die idyllische Auenlandschaft der Rur, das fruchtbare Land der Jülicher Börde, historische Gebäude und moderne Forschungsstätten: Diese Tour nimmt Sie mit auf eine Reise zwischen Vergangenheit und Gegenwart, zwischen Stadt und Natur.

36,8 km
2:36 Stunden bei 14,1 km/h
140 Meter (Anstieg) **140 Meter** (Abstieg)

Auf Seite 6 finden Sie einen Hinweis, wo Sie die GPS-Daten kostenlos herunterladen können.

Erlebnis	●●●○○
Familientauglich	●●●●●
Schwierigkeit	●○○○○
Schwierigkeit E-Bike	●○○○○

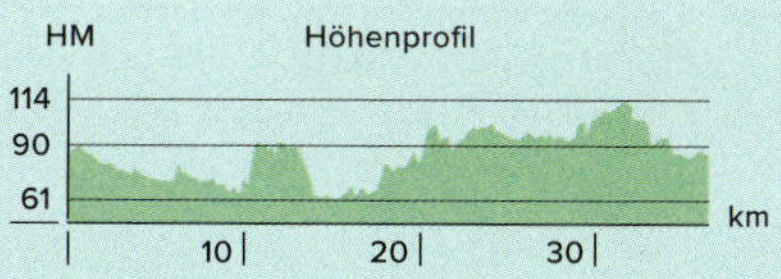

SEHENSWÜRDIGKEITEN
GEFÖRDERT VON DER NRW-STIFTUNG

1. Zitadelle Jülich · Schlossstraße · 52428 Jülich
2. Brückenkopfpark
3. Barmener Baggersee
4. Glasmalereimuseum Linnich · Rurstraße 9-11 · 52441 Linnich
5. Sophienhöhe

Das 90.000 Quadratmeter große Bollwerk der Zitadelle Jülich wurde ab 1548 erbaut.

INFO An jedem dritten Sonntag um 11 Uhr wird von Mai bis September in der Zitadelle Jülich eine kostenlose Führung angeboten. Was sonst noch möglich und wann geöffnet ist? Schauen Sie auf www.museum-zitadelle.de nach!

Jülich blickt auf rund 2.000 Jahre Siedlungsgeschichte zurück. Erklären lässt sich das und die Bedeutung Iuliacums – so der römische Name der Stadt – mit der exponierten Lage: Hier, an einer Verengung des schwer passierbaren Rurtals, führte die römische Fernstraße Via Belgica entlang. Die Römer erkannten deren strategische Bedeutung und errichteten eine Siedlung, die den heutigen Marktplatz umschloss. Damit sind Sie schon mittendrin im Geschehen, zumindest wenn Sie am Parkplatz an der Zitadelle erst einmal für einen kurzen Rundgang nach links abbiegen. Bummeln Sie herum, schauen Sie sich das Alte Rathaus, die Propsteikirche und den imposanten mittelalterlichen Hexenturm an. Ein frisch gebackener Kuchen nach Omas Rezept oder ein selbst gemachtes Bauernhofeis klingt jetzt genau richtig? Dann ist das **Schwan Baucafé** am Marktplatz die perfekte Adresse.

Die eigentliche Tour bringt Sie zur **Zitadelle Jülich,** 1 die im 16. Jahrhundert als Residenz Herzog Wilhelms V. von Jülich-Kleve-Berg erbaut wurde. Einst Bestandteil der Festung Jülich mit mächtigen Wällen und zahlreichen Kasematten, entstand nach Plänen des Architekten Alessandro Pasqualini ein „palazzo in fortezza" im Stil der italienischen Hochrenaissance. Die Zitadelle ist damit die älteste ihrer Art nördlich der Alpen. Das Museum vermittelt Wissenswertes rund um die Geschichte des Jülicher Landes, im Dokumentationszentrum zur Via Belgica gibt es unter anderem einen Originalquerschnitt der römischen Straße zu entdecken und im Pulvermagazin werden Werke des Jülicher Landschaftsmalers Johann Wilhelm Schirmer ausgestellt.

Einige Radumdrehungen weiter verzaubert Sie die offene Landschaft der Jülicher Börde mit ihrer ruhigen Rur-Flusslandschaft. Moment! Wo Sie schon mal hier sind, radeln Sie nach der kleinen Brücke geradeaus auf der Rurauenstraße. Sie gelangen zum etwa 30 Hektar großen **Brückenkopfpark** 2 mit Tierpark, Wasserspielplätzen und Hochseilklettergarten. ☺ Historisch gehört der Park zum **napoleonischen Brückenkopf,** den die kaiserlichen Truppen zu Beginn des 19. Jahrhunderts zur Verstärkung der Festungsstadt Jülich anlegten. Bestimmte Bereiche der Brückenkopffestung können übrigens besichtigt werden.

INFO Das komplette Angebot sowie Hinweise zu Veranstaltungen und Öffnungszeiten finden Sie unter: www.brueckenkopf-park.de.

Jetzt aber wirklich: Hallo, Natur! Auf den folgenden Kilometern fahren Sie durch den letzten original erhaltenen Abschnitt der Rur. Mal gluckst und plätschert das Flüsschen leise, mal sprudelt und rauscht es über Kiesbänke und mäandert in seinem natürlichen Flussbett durch die Landschaft. Unmittelbar neben dem **Barmener Baggersee** 3 ist die Rur Teil des Naturschutz- und Landschaftsschutzgebiets Drieschlandschaft.

Die meisten, die die NRWRadtour einmal erlebt haben, sind immer wieder dabei.

Sollten Sie sich nach einer Erfrischung im kühlen Nass sehnen: Das Baden im See ist nur an der gekennzeichneten offenen Badestelle erlaubt. Alternativ wandern Sie einmal knapp 4 Kilometer drum herum und haben vielleicht Beobachtungsglück: Auf der Insel im See lebt eine Graureiher-Kolonie und am Ufer gestalten Biber fleißig ihren Lebensraum.

Rechts die Rur, links großflächig aneinandergereihte Felder, kleine Ortschaften: Dieses Bild begleitet Sie bis Linnich. An der Rurdorfer Straße sagt Ihnen Ihr

Navigationssystem: Biegen Sie rechts in die Löffelstraße ein! Ich sage Ihnen: Wenn Sie Appetit auf richtig gutes Eis haben, fahren Sie unbedingt links in die Mahrstraße. Nach etwa 150 Metern haben Sie das kleine Zwischenziel erreicht: **BerSha's Eismanufaktur.** Egal, für welche Sorte oder Eisbecherkreation Sie sich entscheiden – alles ist selbst zubereitet und wird liebevoll dekoriert. Ihre süße Pause genießen Sie am besten unter den schattenspendenden Bäumen im Außenbereich.

„Komm und kugel dich glücklich!", heißt es in BerSha's Eismanufaktur.

Frisch gestärkt kann das **Deutsche Glasmalerei-Museum,** 4 das 2022 sein 25-jähriges Jubiläum feierte, Ihr nächster Halt sein. Es ist in einer ehemaligen Wassermühle beheimatet und verfügt auf acht Ebenen über eine Fläche von 1.400 Quadratmetern. Die Dauerausstellung vermittelt die Geschichte der Glasmalerei und setzt dabei auf historische Kopien aus dem 19. Jahrhundert. Der Schwerpunkt der museumseigenen Sammlung liegt jedoch auf Glasgemälden des 20. und 21. Jahrhunderts. Wechselnde Ausstellungen präsentieren darüber hinaus historische und zeitgenössische Exponate verschiedener Glaskünstler und eine kleine Werkstatt gewährt Einblicke in die Entstehung von Glasmalereien und -kunstwerken. Erneut großflächig aneinandergereihte Felder, kleine Ortschaften, hier und da ein Waldstück oder ein von Bäumen gesäumter Wirtschaftsweg: Das klingt und ist wirklich nicht spannend, aber wunderbar entspannend und macht den Kopf herrlich frei. Für naturelle Abwechslung sorgt kurz vor Jülich nur noch die **Sophienhöhe,** 5 ein durch den Braunkohletagebau Hambach entstandenes Freizeit- und Erholungsgebiet. Vorbei an Seen und Tümpeln führen unterschiedlich lange Wege auf den Höhenzug, auf dem sich ein Wildgehege und Aussichtstürme mit Sicht auf Jülich, die Börde und das Areal des Forschungszentrums befinden. Der Römerturm dagegen öffnet den Blick in den Tagebau Hambach – bei schönem Wetter sogar

INFO Öffentliche Führungen finden im Glasmalerei-Museum an jedem ersten und dritten Sonntag im Monat ab 11.30 Uhr statt. Dafür sollten Sie 60 Minuten einplanen. www.glasmalerei-museum.de

Großflächig aneinandergereihte Felder prägen das Bild der Jülicher Börde.

bis zu den Hängen der Eifel. Fast in Sichtweite ist auch schon Ihr Start-Ziel-Punkt - nur noch ein paar Kilometer, dann sind Sie da. Hunger und Durst? Sie wissen ja: Die Innenstadt ist nicht weit weg.

Ich habe mir zum Abschluss in der Kölner Straße im **Eiscafé „Panciera"** einen Latte macchiato gegönnt und dabei etwas entdeckt, was mir beim ersten Durchfahren entgangen war: den Muttkrate-Brunnen. Genau der fasst die Tour aufs Schönste zusammen: Im Mittelpunkt breitet Minerva, die Göttin der Weisheit, schützend ihre Arme aus. Um sie gruppieren sich der Jülicher Landschaftsmaler Johann Wilhelm Schirmer, der Festungsbaumeister Alessandro Pasqualini, ein Bauer mit Zuckerrübe und Getreideähren sowie ein Forscher mit Rundkolben und einem Atom. Im Brunnen sind einige Kröten zu sehen, die den Bezug zu in Jülich Geborenen herstellen. Die werden nämlich wenig schmeichelhaft als Muttkrate (Mutt = Schlamm, Krate = Kröten) bezeichnet, weil sich die Kröten bei Gefahr im Schlamm der Festungsgräben verkrochen. Ein deutlich netterer Ursprung sind da doch die Sumpfgebiete, auf denen Jülich errichtet wurde und von denen heute die idyllischen Rurauen zeugen ...

Nahezu jede Gemeinde am Niederrhein, sei sie auch noch so klein, besitzt eine Kirche oder Kapelle.

AN- UND ABREISE
Bahnhof Kerpen-Horrem
P+R Kerpen-Horrem
(Oscar-Straus-Straße)
START
P
1
2
3
4
5
6
7
8
9
Frechen
Hürth
Knapsack
Erftstadt
Kerpen
Horrem
Sindorf
Langenich
Türnich
Balkhausen
Grefrath
Habbelrath
Bachem
Gleuel
Sielsdorf
Stotzheim
Alstädten-Burbach
Wald-Seen-Bereich Theresia
Otto-Maigler-See
Boisdorfer See
Fürstenberg-maar
Villesee
Köttinger See
Bleibtreusee
An den sieben Bäumen
Grube Karl
Parrig
Kerpener Bruch
Lörsfelder Busch
Kölner Randkanal
Kleine Erft
Große Erft
Erft
Neffelbach
Bachemer Str.
Freiheitsring
Dürener Str.
Kieswerkstr.
Bonnstraße
Hermühlheimer Str.
Aldenrather Str.
Wendelinusstr.
Zieselsmaarer Str.
Berrenrather Str.
Brüggener Str.
Kerpener Str.
Hauptstraße
Kölner Str.
Schiefbahn
Erftstraße
Erfttalstraße
4
1
61
264

15

Kerpen

Was oder wen verbinden Sie mit Kerpen? Wahrscheinlich Formel-1-Rekordweltmeister Michael Schumacher, der hier auf der legendären Kartbahn seine ersten Runden drehte. Auf der Karte mutet diese Tour mit ihren weiten Schleifen und spitzen Kehren sogar ein wenig wie ein F1-Parcours an ...

46,5 km

3:06 Stunden bei 15,0 km/h

↗ 230 Meter ↘ 230 Meter

Auf Seite 6 finden Sie einen Hinweis, wo Sie die GPS-Daten kostenlos herunterladen können.

Erlebnis	●●●○○
Familientauglich	●●○○○
Schwierigkeit	●●○○○
Schwierigkeit E-Bike	●○○○○

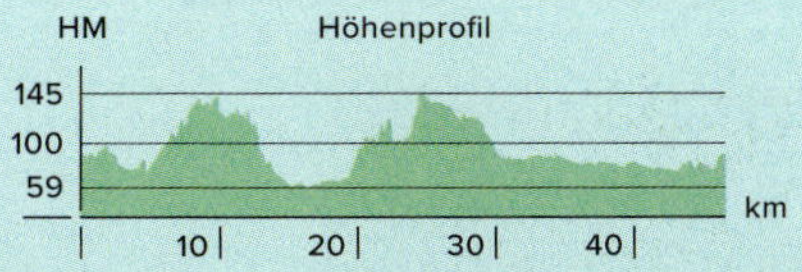

SEHENSWÜRDIGKEITEN
GEFÖRDERT VON DER NRW-STIFTUNG

1. Marienfeld
2. Boisdorfer See
3. Papsthügel
4. Keramion Frechen · Bonnstraße 12 · 50226 Frechen
5. Otto-Maigler-See
6. Falknerei und Greifvogelauffangstation · Gymnicher Mühle 1 · 50374 Erftstadt
7. Naturparkzentrum Gymnicher Mühle
8. Schloss Türnich
9. Haus Mödrath

Baden verboten! Der Boisdorfer See ist Heimat zahlreicher schützenswerter Wasservögel.

Keine Sorge! Die Höhenmeter verteilen sich gefällig über die Gesamtkilometer. Lediglich in Horrem müssen Sie einen Berg mit in der Spitze 8 Prozent Steigung bewältigen. Nach einem kurzen Stück, das Sie direkt durch die Stadt führt, erreichen Sie das **Marienfeld,** 1 eine 260 Hektar große Fläche im seit 2003 verfüllten und rekultivierten Braunkohletagebau Frechen, und radeln an den Ufern des **Boisdorfer Sees** 2 entlang. Sollte das Wetter auch noch so sehr nach einer Abkühlung rufen: Baden ist hier streng verboten. Der See gilt als wichtiger Naturraum und ist Heimat zahlreicher schützenswerter Wasservögel. Was Sie sehr wohl dürfen? Einfach in einer der Buchten sitzen und die beruhigende Stille und das Wassergeplätscher in sich aufsaugen. Picknickmüll nehmen Sie natürlich wieder mit.

Auf der linken Seite folgt wenig später ein Highlight, das das Marienfeld weltweit zum Medienstar gemacht hat: der **Papsthügel,** 3 der sich als etwa 10 Meter hohe Aufschüttung mit Kreuz und Kapelle von der flachen Umgebung abhebt. Hier zelebrierte Papst Benedikt XVI. mit über einer Million Gläubigen den Abschlussgottesdienst des Weltjugendtages 2005. Nach der Veranstaltung sollte der Papsthügel eigentlich wieder abgetragen werden, doch wie so oft wurde aus einem Provisorium etwas Dauerhaftes - und ein Ort der Begegnung, an dem jährlich eine Gedenkmesse anlässlich des Weltjugendtages stattfindet. Getauft wurde der Hügel übrigens auf „Berg der 70 Nationen", weil dort Gläubige Erde aus ihrem Land niedergelegt haben. Auch der Name „Marienfeld" ist nicht zufällig gewählt: Das heutige Areal blickt auf eine 500 Jahre währende Historie als Wallfahrtsort zur Marienverehrung zurück. Der von zwölf Kirschbäumen (aka Apostel) gesäumte Aufstieg auf den Papsthügel ist gut zu bewältigen und belohnt Sie mit einem tollen Panorama. Besonders, wenn Sie Fantasie mitbringen und sich vorstellen, wie viele Menschen hier 2005 gefeiert haben.

In einer großen Schleife umrunden Sie Grefrath und radeln durch Felder und an einigen Reiterhöfen vorbei.

Erde aus 70 Ländern formt das Fundament des Papsthügels.

Als schwebe ein Ufo über der rheinischen Ebene: So wirkt die weiße, parabelförmige Betonschale auf den Betrachter.

Schließlich führt Sie die Route durch das Stadtgebiet von Frechen und ein größeres Gewerbegebiet. Wenn Sie mit wachem Blick durch die Straßen fahren, können Sie überall im Stadtbild Spuren einer jahrhundertealten Tradition ablesen, denn Frechen ist weltweit als Keramikstadt bekannt. Dieser Tradition wurde in einem futuristischen Rundbau aus Beton und Glas ein auffälliges Denkmal gesetzt. Mit seiner Parabelform mutet er zwar wie ein Ufo an, tatsächlich ist die außergewöhnliche Architektur des **Keramions Frechen** 4 aber die Reminiszenz an eine Töpferscheibe.

Ideengeber war der Frechener Steinzeugunternehmer Dr. Gottfried Cremer, der sich für seine einzigartige Keramiksammlung einen ebenso einzigartigen Präsentationsrahmen wünschte. Errichtet wurde es nach den Entwürfen des Kölner Architekten Peter Neufert und des Ingenieurs Stefan Polonyi. Erst 2002 wurde die Privatsammlung Cremers mit der städtischen Sammlung historischer Keramik verschmolzen und das Keramion als markantes Zeugnis der Moderne unter Denkmalschutz gestellt. Auch im Außenbereich entdecken Sie immer wieder Plastiken und riesige Gefäße der früheren Frechener Keramikindustrie. Typisch sind unter anderem die Bartmannkrüge – Krüge mit dem Gesicht eines Bartträgers – als populärstes Erzeugnis rheinischen Steinzeugs.

TIPP Jedes Jahr im Mai findet auf dem Rathausplatz in Frechen ein Töpfermarkt statt. Angeboten werden Gebrauchskeramik und künstlerische Unikate. Den exakten Termin finden Sie auch auf der Website des Keramions: www.keramion.de.

Park, Vorburg, Herrenhaus und Kapelle von Schloss Türnich sind als zusammenhängendes Ensemble bis heute erhalten.

INFO Abtauchen? Eintauchen? Wann Sie das können, erfahren Sie im Detail unter www.otto-maigler-see.de.

TIPP Eine Empfehlung für einen Filmabend auf der heimischen Couch: Auf Youtube können Sie den Dokumentarfilm „Der Adlerflüsterer" über Pierre Schmidt zum Anschauen ausleihen.

Auf den folgenden Kilometern lassen Sie erst die B 264 und dann die A 1 hinter sich und und erreichen gefühlt nur wenige Pedalumdrehungen später den **Otto-Maigler-See.** 5 Legen Sie hier unbedingt eine längere Pause zum Chillen und Genießen ein! Das Strandbad und der Beachclub zählen nicht umsonst zu den angesagtesten Freizeit-Locations in der Köln-Bonner Region. Von Mitte März bis Anfang Oktober lassen Sie sich auf der **Seeterrasse** kulinarisch verwöhnen, vergraben Ihre Füße in feinem weißen Quarzsand, tauchen im erfrischenden Nass ab oder lassen in einem der großen Himmelbetten mit Blick aufs Wasser die Seele baumeln.

Die Strecke führt Sie nun durch den Wald und entlang von Feldern und der Erft. Ihre nächste Station ist die **Falknerei und Greifvogelauffangstation** 6 von Pierre Schmidt im Naturparkzentrum Rheinland. Nach einer ersten Station, die der „Adlerflüsterer" von 2000 bis 2007 auf Schloss Gymnich betrieb, wechselte er in das Landschaftsschutzgebiet mit Platz für größere Volieren und mehr Raum zum Fliegen. Falken, Bussarde, Adler und Eulen können aus nächster Nähe bestaunt werden – entweder bei den spektakulären Flugshows oder wenn man die prächtigen Greifvögel auf dem Arm halten darf. Außerdem erzählt Pierre Schmidt alles Wissenswerte rund um die verschiedenen Arten und seine Arbeit mit ihnen.

Groß aufs Rad hüpfen brauchen Sie für das nächste Erlebnis nicht: Das **Naturparkzentrum Gymnicher**

Mühle 7 mit seinem Erlebniswasserzentrum ist in unmittelbarer Nähe der Falknerei. Herzstücke sind das Erftmuseum „KM 51" (weil sich hier der Erftkilometer 51 befindet) und ein Wassererlebnispark. In der multimedialen Ausstellung verfolgen Sie den Verlauf des Flusses von seiner Quelle in der Eifel bis zur Mündung in den Rhein bei Neuss. Ein Highlight ist der begehbare „Flusskörper", in dem die Tier- und Pflanzenwelt der Erft dargestellt ist. Sechs Spielstationen verführen Groß und Klein darüber hinaus zum Toben - ob bei einer Wasserschlacht mit Wasserkanonen oder beim Testen von Kraft und Geschicklichkeit auf Flößen. Außerdem lädt Sie auf dem Gelände ein Kräutergarten zum Spazieren und ein **Café** zum Verweilen ein.

Ein lockerer Schwung zurück in den Sattel, ein winziges Stück zurückradeln - **Schloss Türnich** 8 ist das nächste Etappenziel. Eingebettet in die Auenlandschaft der Erft und umgeben von Wassergräben präsentiert es sich mit Herrenhaus und Vorburg, mit Kapelle und Mühle, mit Schlossgarten und Landschaftspark. Besonders sehenswert ist das Labyrinth im Park: 750 japanische Stechpalmen umringen in einem Oval mit sieben Umgängen eine mächtige, über 100 Jahre alte Kiefer. Im **Café** im Innenhof mit Blick auf das Herrenhaus und den Schlossteich lassen Sie sich am besten den selbst gebackenen Kuchen schmecken.

Weiter geht's entlang der Erft. Kurz nachdem Sie links in die Kölner Straße abgebogen sind, möchte ich Ihnen noch einen Abstecher zum **Haus Mödrath** 9 - eigentlich ein Herrenhaus - ans Herz legen. Das ist das letzte erhaltene Gebäude des aus dem Tagebau umgesiedelten Ortes Mödrath. Heute ist es nicht nur ein Wohnhaus, sondern ein Haus für Kunst und Künstler, zwar kein klassisches Museum, dafür ein Ort für wechselnde Ausstellungen, die von unterschiedlichen Kuratoren organisiert werden. Nach diesem letzten Abstecher lasse ich Sie nach einem erlebnisreichen Tag nun wirklich entspannt nach Kerpen zurückradeln ...

SEHENSWERTES AM WEGESRAND Als Gästehaus der Bundesregierung beherbergte Schloss Gymnich im gleichnamigen Erftstädter Stadtteil bekannte Zeitgenossen wie Queen Elizabeth II. und Präsident Nixon. Ab 1998 lebten die Musiker der „Kelly Family" hier für einige Jahre. Nach gut sieben Jahren liegt die Sanierung in den letzten Zügen; geplant ist unter anderem ein Betrieb als Hotel.

INFO Einen Überblick über alle Events, Termine und Öffnungszeiten erhalten Sie schnell unter www.naturparkzentrum-gymnichermuehle.de.

TIPP Ein Besuch von Schloss Türnich sollte auf Ihrer Wunschliste für einen außergewöhnlichen Weihnachtsmarktbesuch ganz oben stehen: An den Adventssonntagen gibt es Handgemachtes und Außergewöhnliches zu bestaunen und zu kaufen.

AN- UND ABREISE

- Bahnhof Köln-Rath/-Heumar
- Hauptbahnhof Köln
- Parkplatz Gut Leidenhausen (Hirschgraben, 51145 Köln)

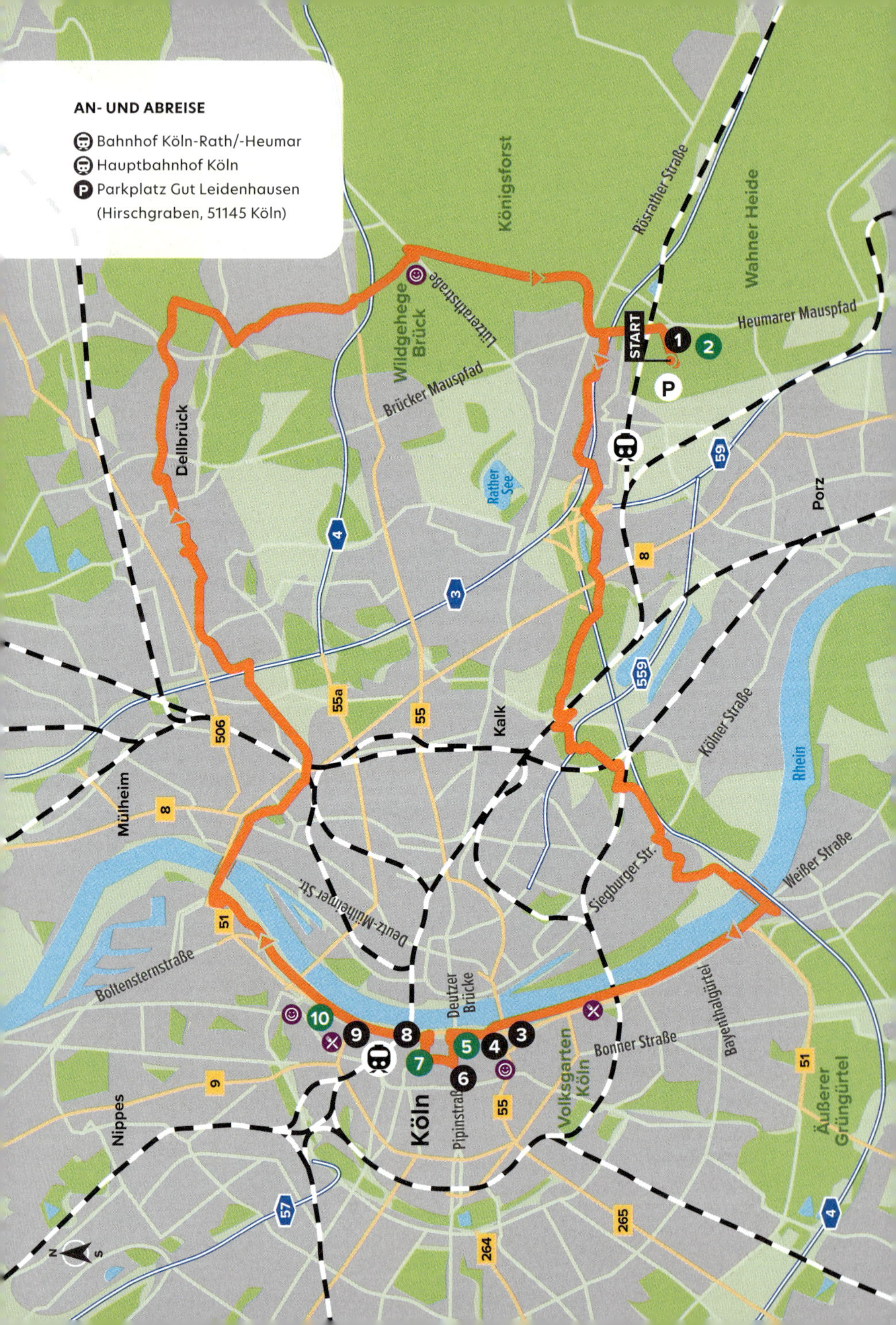

16

Köln

Knapp 42 Kilometer, die sich durch Köln und rechtsrheinisch bis in den Königsforst ziehen: Die Herausforderung liegt hierbei wahrlich nicht in Strecke und Profil. Viel schwerer fällt die Entscheidung, was Sie Sehenswertes erleben möchten, denn die Auswahl ist geradezu riesig.

41,5 km

2:38 Stunden bei 15,8 km/h

170 Meter **160 Meter**

Auf Seite 6 finden Sie einen Hinweis, wo Sie die GPS-Daten kostenlos herunterladen können.

Erlebnis	●●●●●
Familientauglich	●●●●●
Schwierigkeit	●●○○○
Schwierigkeit E-Bike	●○○○○

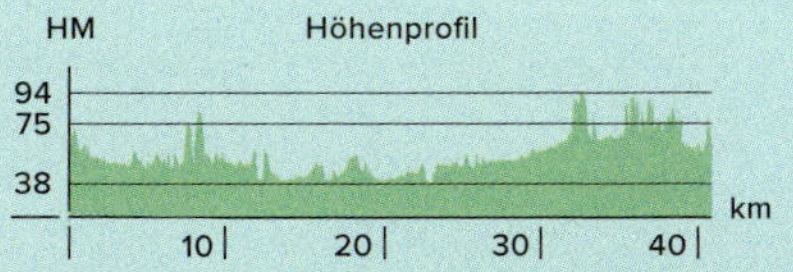

SEHENSWÜRDIGKEITEN
GEFÖRDERT VON DER NRW-STIFTUNG

1. Gut Leidenhausen
2. Haus des Waldes · Gut Leidenhausen 1a · 51147 Köln
3. Deutsches Sport- und Olympiamuseum
4. Schokoladenmuseum
5. Römische Stadtmauer · Burgmauer 51 · 50667 Köln
6. Kölner Altstadt
7. MiQua LVR-Jüdisches Museum im Archäologischen Quartier Köln · Blumenthalstraße 19 · 50670 Köln
8. Kölner Dom
9. Agnesviertel
10. Südamerikahaus im Kölner Zoo

Gut Leidenhausen liegt am Tor zur Wahner Heide.

SCHLAUCHAUTOMATEN

• Portz am Ring • Lindenstraße 3 • 50674 Köln

• Zweirad Prumbaum • Dellbrücker Hauptstraße 45 • 51069 Köln

INFO Ein Blick auf die Website www.gut-leidenhausen.de informiert Sie über die vielfältigen Angebote, Projekte und Öffnungszeiten.

Auf die Sättel, fertig, los! Ihr Startpunkt ist das 170 Hektar große Areal von **Gut Leidenhausen** 1 am Tor zur Wahner Heide. Die denkmalgeschützte Anlage entstand 1329 als wasserumwehrter Rittersitz der Herren von Deutz am Mauspfad, einem historischen Handelsweg im Rheinland. Einige Teile stammen aus dem 18. Jahrhundert und wurden 1920 vom Kölner Architekten Ludwig Pfaffendorf erweitert. Heute beherbergt das Gut mehrere Naturschutzvereine und das Umweltzentrum Köln. Und jetzt wird es schon knifflig: Was schauen Sie sich genauer an? Das **Haus des Waldes** 2 mit seiner Dauerausstellung zu allgemeinen Aspekten dieses wertvollen Naturraums sowie zur Entwicklung von Kölner Wäldern und Grünflächen? Das **Rothirsch- und Wildschweingehege** oder die **Greifvogelschutzstation?** Oder interessiert Sie eine Führung über die Streuobstwiese mit Bienenstraße und -hotel? Die Entscheidung für das eine oder andere fällt sicher nur dadurch leichter, dass nicht alles an jedem Tag und manches nur auf Anfrage möglich ist.

Da noch so viel auf Sie wartet, treten Sie jetzt erst mal etwa 12 Kilometer bis zum Rhein in die Pedale. Sie lassen Wohngebiete hinter sich, radeln auf dem Alten Deutzer Postweg durchs Grüne und streifen Gewerbegebiete, die die Nähe zum Flughafen Köln-Bonn verdeutlichen. Im Gremberger Wäldchen säumen über 100

Jahre alte Buchen und Eichen den Weg und im Frühjahr blühen hier großflächig Buschwindröschen – trotz des deutlich hörbaren Autobahnverkehrs ist das ein richtig schönes Fleckchen Natur! Ruckzuck sind Sie an der Rheinbrücke Köln-Rodenkirchen und überqueren diese. Weiter geht's entlang des Rheins.

Kurz bevor Sie den Rheinauhafen mit seinen charakteristischen Kranhäusern erreichen, zieht der **Alte Herkules** Ihren Blick auf sich. Er ist der älteste Rheinkran Kölns und ein historisches Denkmal aus der alten Hafenanlage. Direkt daneben und mit schöner Sicht auf Herkules und den Rhein können Sie sich im **Biergarten „Johann Schäfer"** niederlassen und eine Strampelpause einlegen. Währenddessen lässt sich auch wunderbar ausknobeln, ob Sie dem **Deutschen Sport- und Olympiamuseum** 3 oder dem **Schokoladenmuseum** 4 einen Besuch abstatten. Ersteres ermöglicht mit zahlreichen Aktivstationen eine spannende Zeitreise durch die Geschichte des Sports von der Antike bis zur Gegenwart. Ihr fußballerisches Können testen Sie beispielsweise an einer Originaltorwand aus dem ZDF-Sportstudio. Auf dem Dach gibt es zwei Spielplätze – inklusive eines fantastischen Blicks auf Köln. Im Schokoladenmuseum dagegen kommt jeder auf süße Kosten, denn hier dreht sich in Bild, Ton und Film sowie bei ausgiebigem Probieren alles um die Welt von Kakao und Schokolade. Ein Highlight für Groß und Klein ist zweifelsohne der aus einer goldenen Kakaobohne geformte Schokoladenbrunnen.

Die Route führt Sie eigentlich weiter am Rhein entlang, aber von der Rheinauhafen-Halbinsel lohnt sich ein Abstecher zum Mühlenbach, wo ein Teil der **römischen Stadtmauer,** 5 Kölns Kulturerbe aus der Antike, steht. Die Stadtbefestigung um das Kerngebiet der Colonia Claudia Ara Agrippinensium – so der Name der römischen Kolonie im Rheinland, aus der sich Köln entwickelt hat – entstand Ende des 1. Jahrhunderts. Heute sind in Abschnitten noch fast 700 von ursprünglich knapp 4.000 Metern erhalten, die aufwendig saniert wurden

SEHENSWERTES AM WEGESRAND Ein wenig versteckt steht etwa 100 Meter südlich der Südbrücke am Rheinufer eine Metallskulptur, die „Sohn und Vater" heißt. Sie stammt von einem Künstler, der sie zwar mit (s)einem Fantasiekürzel signiert hat, aber ansonsten anonym bleiben möchte. Sicher ist nur: Als autobiografisches Werk verbindet sie die Liebe von Vater zum Sohn und beider zum Rhein.

INFO www.schokoladenmuseum.de und www.sportmuseum.de: Das sind virtuell Ihre Anlaufstellen rund um Wissenswertes zu den Ausstellungen. Und natürlich zu Öffnungszeiten und Co.

und werden. Bleiben Sie auf der Strecke, tauchen Sie hinter der Deutzer Brücke in die **Altstadt** 6 mit Alter Markt und Heumarkt ein. Lassen Sie das bunte Treiben und das typische kölsche Jeföhl unbedingt auf sich wirken - am besten im Außenbereich einer der unzähligen Kneipen. Herzstück vom Alter Markt ist der reich verzierte Rathausturm. Und achten Sie mal auf die Uhr, unter der eine längliche Holzmaske hängt! Das ist der Platzjabbeck. Er ist mit dem Uhrwerk verbunden und streckt zu jeder vollen Stunde die Zunge raus.

TIPP Ob eine kombinierte Dom-Altstadt-Führung, ein Spaziergang über die Dächer des Doms, durch die Schatzkammer oder in den Untergrund der Kathedrale: Es gibt unglaublich viel zu entdecken. www.domforum.de/domfuehrungen

Unmittelbar vor dem historischen Rathaus entsteht derzeit das **MiQua - LVR-Jüdisches Museum im Archäologischen Quartier Köln.** 7 Dieses Museum präsentiert mit dem römischen Praetorium, dem mittelalterlichen jüdischen Viertel und dem Goldschmiedeviertel bedeutende archäologische Zeugnisse aus der Geschichte Kölns und des Rheinlandes. Auf mehr als 6.000 Quadratmetern können Besucher ab 2024 einen unterirdischen archäologischen Rundgang von mehr als 600 Metern Länge erforschen.

Und was wäre eine Köln-Tour ohne den **Dom?** 8 Richtig! Nichts Halbes und nichts Ganzes! Längste Bauzeit, höchster Bau seiner Zeit, größte Stahlkonstruktion und Kirchenfassade, größtes Chorgestühl Deutschlands und älteste Darstellung des gekreuzigten Jesus: Der Dom glänzt mit zig Superlativen.

Am gemächlich dahinströmenden Rhein unterwegs zu sein, ist Genussradeln par excellence.

Entlang des Konrad-Adenauer-Ufers folgen Sie weiter dem Rhein. Aber darf ich Sie zu einem Ausflug abseits der Tour einladen? Setzen Sie sich in der GPS-Datei einen Marker auf das **Agnesviertel,** 9 eines der schönsten Kölner Veedel. Hier gibt es nicht nur prachtvolle Gründerzeitbauten und die Agneskirche als Kölns zweitgrößte Kirche nach dem Dom, sondern jede Menge tolle Restaurants und schnuckelige Cafés: Im **Goodchild** gibt es himmlische Croissants und Törtchen, im **Keiserlich** fantastisches Eis in auch mal kreativen Kombinationen und **The Coffee Gang** serviert Ihnen einen perfekten und kunstvoll verzierten Latte macchiato.

Knackende Äste, zwitschernde Vögel, sattes Grün. Herrlich!

Vom Agnesviertel ist auch der **Kölner Zoo** 10 nicht weit entfernt. Er ist der drittälteste Tierpark Deutschlands und gibt auf einer Fläche von etwa 20 Hektar mehr als 500 Tierarten aus allen Kontinenten und Weltmeeren ein Zuhause. ☺ Eine Attraktion ist das **Arnulf-und-Elizabeth-Reichert-Haus** (das ehemalige Südamerikahaus): Das 1899 errichtete, denkmalgeschützte Gebäude wurde außen wie innen aufwendig restauriert. Menschen und Tiere sind nicht mehr wie früher durch Glasscheiben oder Käfige voneinander getrennt, die Besucher gehen über einen Steg durch die tropische Landschaft, Äffchen laufen frei umher, bunte Vögel schwirren um einen herum. Ein tolles Erlebnis!

Über die Mülheimer Brücke gelangen Sie wieder auf die Schäl Sick – also auf die rechtsrheinische Seite, die aus Kölner Sicht die falsche ist. Die folgenden 12 Kilometer fahren Sie unter anderem durch die Stadtteile Mülheim, Dellbrück und Strunden und ein Stück durch den Gierather Wald, unterqueren hinter Refrath die A 4 und erreichen den Königsforst mit dem **Erholungsgebiet „Brücker Hardt“.** Hier gibt es ein Wildgehege mit Dybowski-Hirschen und ein weiteres mit Schwarzwild – zur Beobachtung bieten sich eine Aussichtshütte und eine Brücke an. ☺ Gern lassen sich die Tiere auch füttern, allerdings nur mit Futter aus den grünen Automaten. Vorbei an den Zwölf-Apostel-Buchen radeln Sie ein letztes Stück durch den Wald, sausen unter der A 3 hindurch und kommen wenig später wieder am Gut Leidenhausen an.

INFO Mangelnde Zeit ist sicher der größte Gegner für einen ausgiebigen Zoobesuch. Kommen Sie einfach wieder! Unter www.koelnerzoo.de können Sie sich über Führungen und Fütterungszeiten informieren und Tickets buchen.

Wie mitten im Dschungel fühlt man sich im ehemaligen Südamerikahaus des Kölner Zoos.

AN- UND ABREISE
Bahnhof Lippstadt
Parkplatz an Bahnhof Lippstadt (Bahnhofsplatz)
N
S
Bad Waldliesborn
Lipperbruch
55
Zachariassee
4
Dellbrücker Weg
Mettinghausen
Alberssee
5
Bismarckstraße
Lippe
Sandstraße
Lipperode
Hörster Str.
Hörste
Mastholter Str.
Lippstadt
Lippestraße
3
Esbeck
Lippeaue
Lämmerbach
2
A
START
1
Haunstweg
Rixbeck
Dedinghausen
P
Am Bleichgraben
55
Dedinghauser Str.
Scheinebach
Weihe
Störmeder Str.
Striper Str.
Rixbecker Feld
Höchte
Heideweg
Bökenförder Str.
Bökenförde
6
Puisterweg
Muckenbruch
Rüthener Str.
Langeneicke
8
Bad Westernkotten
Stirpe
7
1
Eikeloh

17

Lippstadt

Relativ kurz, keine nennenswerten Steigungen, gut fahrbare Wege: Diese Tour ist auf jeden Fall auch für verkehrstüchtige Kinder geeignet. Was Sie unbedingt im Gepäck haben sollten? Ein Fernglas, Badesachen und viel Zeit, um im Schokohimmel zu schwelgen.

32,1 km

1:56 Stunden bei 16,6 km/h

80 Meter ↗ **80 Meter** ↘

Auf Seite 6 finden Sie einen Hinweis, wo Sie die GPS-Daten kostenlos herunterladen können.

Erlebnis	●●●○○
Familientauglich	●●●●○
Schwierigkeit	●○○○○
Schwierigkeit E-Bike	●○○○○

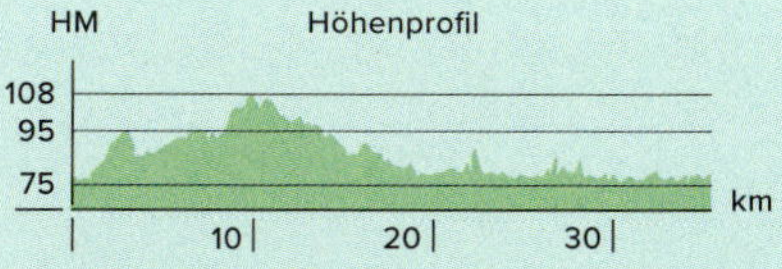

SEHENSWÜRDIGKEITEN

GEFÖRDERT VON DER NRW-STIFTUNG

1. Marienkirche
2. Altes Steinwehr
3. Naturschutzgebiet Lippeaue Lipperode-Esbeck · 59555 Lippstadt
4. Naturschutzgebiet Zachariassee · Bleidiger Weg · 59558 Lippstadt
5. Alberssee
6. Schloss Schwarzenraben
7. Schäferkemper Wassermühle · Holzweg 4a · 59597 Erwitte
8. Gradierwerke

A. Naturerlebnis Auenland

Die Parklandschaft „Grüner Winkel" ist von den Wasserläufen der Lippe durchzogen.

„Licht. Wasser. Leben." Diesem Slogan macht Lippstadt wirklich alle Ehre. Das wird Ihnen schon bewusst, wenn Sie in einigen Rechts-links-Kombinationen den Innenstadtbereich mit dem jahrhundertealten Fachwerk und den zahlreichen Sehenswürdigkeiten erkunden. Direkt am Marktplatz kommen Sie beispielsweise an der imposanten **Marienkirche** 1 aus dem Jahr 1222 vorbei und entdecken am hinteren Rand den **Bürgerbrunnen.** Dieser stellt neun Figuren vor, die die Geschichte Lippstadts prägten. Darunter Bürgermeister Bertram, der die Armenkasse gründete, und Mönch Johannes Westermann, der die Lehren der Reformation verkündete. Sogar Simplicius Simplicissimus, der Held des Schelmenromans von 1668, soll während des 30-jährigen Krieges hier gewesen sein.

Am **Alten Steinwehr** 2 - einer der wenigen sichtbar erhaltenen Überreste der ehemaligen Befestigungsanlage - vorbei tauchen Sie in die weitläufige Parklandschaft **„Grüner Winkel"** ein. Diese wird von der Lippe und einem Schifffahrtskanal durchzogen und ist nicht nur für Lippstädter zu jeder Jahreszeit ein echter Lieblingsort. Die Kleinsten können sich hier auf zwei Spielplätzen austoben, Naturliebhaber erfreuen sich bei

SCHLAUCHAUTOMAT

• Fahrrad-Sport Apelt • Bastionstraße 8 • 59555 Lippstadt

E-BIKE-LADESTATIONEN

• Radstation Lippstadt • Rixbecker Straße 2 • 59555 Lippstadt

• Hellweg-Sole-Thermen • Weringhauser Straße 17 • 59597 Bad Westernkotten

einem Spaziergang an Feuchtwiesen, Teichen und bunt blühenden Insektenwiesen, Kunstliebhaber entdecken auf der „Lichtpromenade" 15 Installationen deutscher Lichtkünstler, die leider erst nach Einbruch der Dunkelheit ihre volle Wirkung entfalten. Allein diese Promenade ist ein sehr guter Grund, irgendwann nach Lippstadt zurückzukehren ...

Bei Ihrer Tour radeln Sie aber erst mal weiter entlang des **Naturschutzgebiets Lippeaue Lipperode-Esbeck** 3 und des Biotops Merschgraben und durchqueren Lipperode. Dieser Teil ist wunderschön zu fahren, auch wenn der Weg nicht komplett asphaltiert ist. Am Dellbrücker Weg verlassen Sie kurz die Streckenführung: Auf Höhe von Kemmers Hof biegen Sie links ab. Der kleine Weg endet am Aussichtspunkt auf das **Naturschutzgebiet Zachariassee.** 4 Von hier aus können Sie einen großen Teil des Sees überblicken: das nahe gelegene Flachufer, die in der Mitte gelegene Halbinsel mit Sand- und Schlammflächen und eine Kormoran-Kolonie in den Bäumen. Ist gerade Blütezeit, leuchtet die Heidefläche im Osten in einem unglaublichen Blauviolett. Spätestens hier wissen Sie, warum ein Fernglas im Rucksack nicht fehlen sollte. Welche seltenen Vögel Sie damit entdecken, erfahren Sie an einer großen Info-Tafel.

Durch Renaturierungsmaßnahmen entlang der Lippe sind attraktive Auewiesen entstanden, die durch regelmäßige Überflutungen genügend Nahrung für beispielsweise Störche bieten.

Jetzt haben Sie sich eine längere Erholungspause verdient, finden Sie nicht? Ab zum **Alberssee** 5 - einst ein simpler Baggersee, heute ein wahres Bade- und Freizeitparadies! Bei gutem Wetter ist das Strandbad von März bis Oktober geöffnet, ein **Kiosk** und ein **Strandcafé** sorgen für das leibliche Wohl. Auch wenn die malerischen Uferplätze rund um den See Sie und Ihre Lieben am liebsten zu einem Picknick verführen möchten: Die Not-to-do-Liste für diese grüne Oase ist lang, Grillen und Zelten sind beispielsweise nicht erlaubt, Räder dürfen nur auf ausgewiesenen Flächen abgestellt werden.

INFO Die Kaffeescheune ist freitags, samstags sowie an Sonn- und Feiertagen geöffnet. Kontaktdaten für die Frühstücksbuffet-Reservierung finden Sie unter www.schaefermeiers-kaffeescheune.de.

Lesen Sie im Zweifel die Hinweisschilder am See lieber genau durch, damit Sie den Tag unbeschwert verbringen. In unmittelbarer Nähe des Campingplatzes bietet Ihnen **Schäfermeiers Kaffeescheune** Gelegenheit für eine Rast bei selbst gebackenen Torten und Kuchen oder kleinen herzhaften Gerichten. Besonders beliebt ist außerdem das reichhaltige Frühstücksbuffet, das samstags und sonntags von 9.30 bis 12 Uhr angeboten wird – dafür sollten Sie vorher allerdings Plätze reservieren. Neben der liebevoll renovierten Scheune ist im Sommer der Biergarten perfekt zum Entspannen unter schattenspendenden Bäumen.

Durch bunte Wiesen, unzählige Felder, schattige Wälder und grüne Alleen führen Sie die nächsten Kilometer an der Peripherie kleiner Ortschaften vorbei. Unter anderem von Ermsinghausen, wo umgeben von hohen Hecken und einer fantastischen Parkanlage das **Schloss Schwarzenraben** 6 liegt. Umfangreich restauriert und renoviert, ist es heute eines der schönsten Wasserschlösser Westfalens, befindet sich allerdings in Privatbesitz. Doch allein ein Blick von außen durch das schmiedeeiserne Tor an der Zufahrt lohnt sich.

Schloss Schwarzenraben zählt zu den schönsten Wasserschlössern Westfalens.

Offen für neugierige und wissenshungrige Besucher zeigt sich dagegen die **Schäferkämper Wassermühle** 7 in Bad Westernkotten. Die alte Getreidemühle wurde 1748 von Graf Franz Wenzel von Kaunitz-Rietberg erbaut und war bis 1933 in Betrieb. Seit 1989 steht die Mühle mitsamt ihrer Wehranlage unter Denkmalschutz. Voller Hingabe restaurierten sie die Heimatfreunde Bad Westernkotten als Museum und Begegnungsstätte. Angetrieben werden die Räder der beiden Getreidemahlgänge vom Wasser des Osterbaches, der etwa 1 Kilometer oberhalb entspringt. Eine

absolute Besonderheit dieser einzigen noch unverändert erhaltenen Mühle der Region: In dem Gebäude befindet sich auch die Wohnung des Müllers.

Bevor Sie die letzten Kilometer bis zum Ziel unter die Reifen nehmen, noch drei Tipps leicht abseits der Strecke: Die salzhaltige Luft der **Gradierwerke** 8 im Bad Westernkottener Kurpark lädt Sie zur Freiluftinhalation ein und auch in der fast benachbarten Sole-Therme erleben Sie die wohltuende Wirkung von Salz auf Körper und Seele. Sind Sie mit Kindern unterwegs, gibt es ein ganz großes Muss: **Peters Schokowelt.** Sehen Sie schon von Weitem im Lippstädter Gewerbegebiet am Wasserturm ein Gebäude, das an eine riesige Schokoladentafel erinnert? Nix wie hin! Auf fünf Etagen tauchen Sie in eine märchenhafte Welt aus Schokolade und Technik ein, die ein bisschen an „Charlie und die Schokoladenfabrik" erinnert. Und wenn Sie sich von oben nach unten „gearbeitet" haben, genießen Sie in den riesigen lilafarbenen und goldenen Samtsesseln der „Kaffeebar" Törtchenkunst vom Feinsten.

Auf das Gewerbegebiet folgt ein Wohngebiet – und schon sind Sie am Ziel. Haben Sie sich zu Beginn keine Zeit für die Innenstadt genommen, holen Sie das gern jetzt nach. Ein bisschen Sightseeing, ein wenig Bummeln durch kleine Gassen, ein gemütlicher Ausklang in einem der **Cafés?** Alles ist möglich!

INFO Etwa 90-minütige Führungen mit Getreidemahlen und Besichtigung der urigen Müllerwohnung finden regelmäßig samstags oder nach telefonischer Rücksprache (02943/9765810) statt. Besuchenswert ist auch das alljährliche Mühlenfest am Pfingstsonntag.

INFO Die gesamte Schokowelt mit Werksverkauf (!) ist täglich geöffnet – montags bis samstags von 8 bis 18 Uhr und sonntags von 12 bis 18 Uhr.

BESONDERES FÖRDERPROJEKT DER NRW-STIFTUNG

Auen sind einzigartige Naturlandschaften, weil die Kraft des Wassers immer wieder neu ein buntes Mosaik an Lebensräumen schafft. Das stellt das **„Naturerlebnis Auenland"** (A) zwischen Lippstadt und Vellinghausen eindrucksvoll unter Beweis: Wo der Mensch die Natur früher in ihre Schranken wies, dürfen Lippe und Ahse sich heute erneut ausbreiten und formen wieder Auen, die Pflanzen und Tieren einen natürlichen Lebensraum und Naturfreunden ein erlebnisreiches Ausflugsidyll bieten. Von Aussichtspunkten oder aus geschützten Hütten lässt sich das Schauspiel der Natur besonders gut beobachten. Tafeln am Wegesrand liefern darüber hinaus wissenswerte Informationen zur Auenlandschaft und zu ihren Bewohnern.

Die NRW-Stiftung hat die Renaturierung der Auen maßgeblich gefördert. Das Projekt und alle Erlebnispunkte an Lippe- und Ahseaue werden Ihnen hier im Detail vorgestellt: www.naturerlebnis-auenland.de.

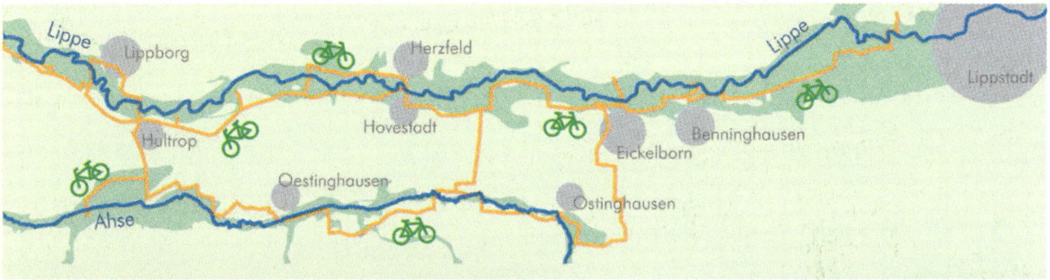

AN- UND ABREISE

Bahnhof Lüdenscheid-Brügge

Parkplatz am Bahnhof Lüdenscheid-Brügge

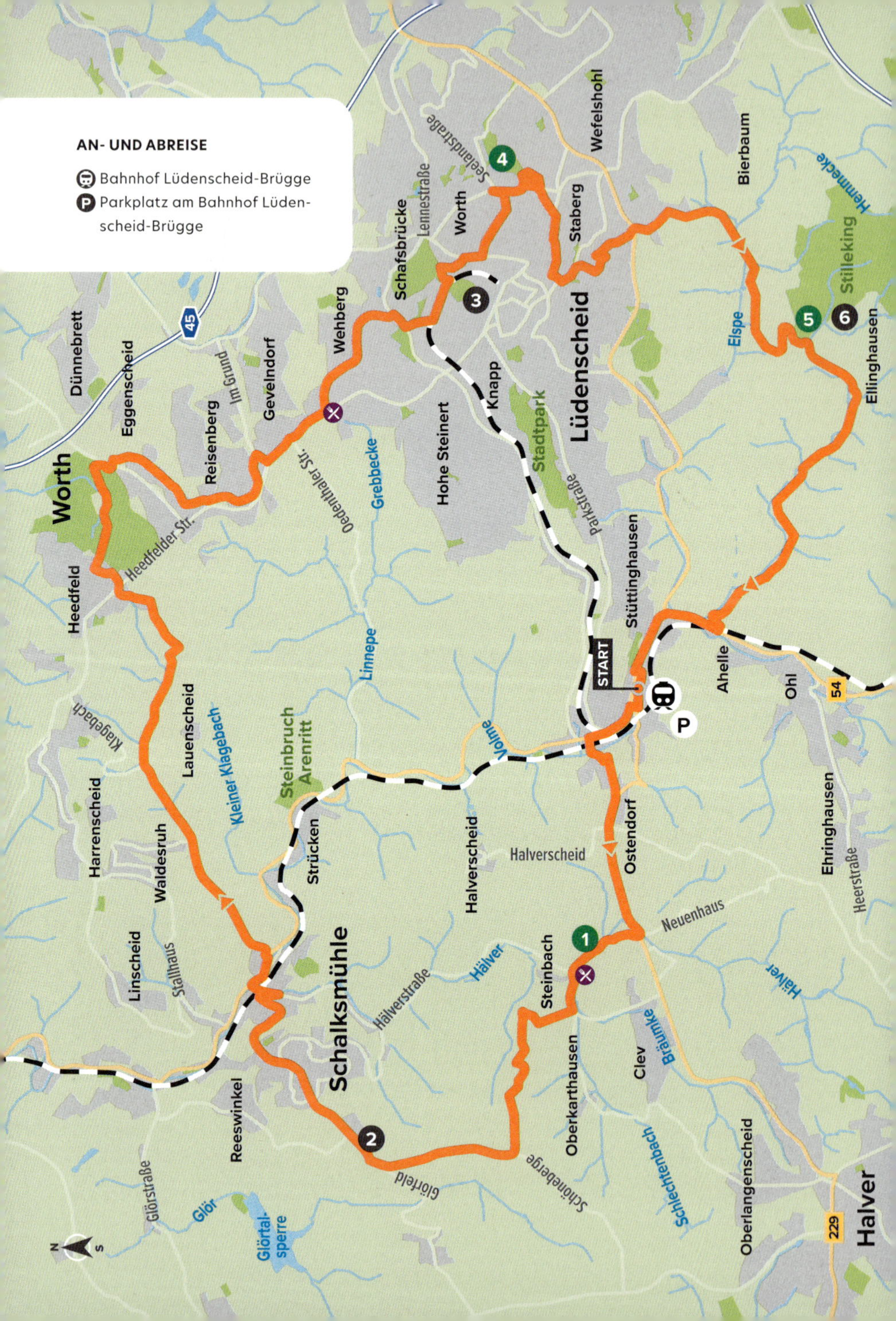

18

Lüdenscheid

Auf jeder mehrtägigen Radtour gibt es eine Königsetappe, die länger und mit mehr Höhenmetern gespickt ist als die vorherigen. Dann muss das eine Kaiseretappe sein: relativ kurz, aber die knackigen Anstiege verwandeln die Beine in Pudding. Leihen Sie sich idealerweise ein E-Bike, das Sie gut unterstützt.

35,5 km
2:34 Stunden bei 13,9 km/h
650 Meter **650 Meter**

Auf Seite 6 finden Sie einen Hinweis, wo Sie die GPS-Daten kostenlos herunterladen können.

Erlebnis	●●●○○
Familientauglich	●○○○○
Schwierigkeit	●●●●●
Schwierigkeit E-Bike	●●●○○

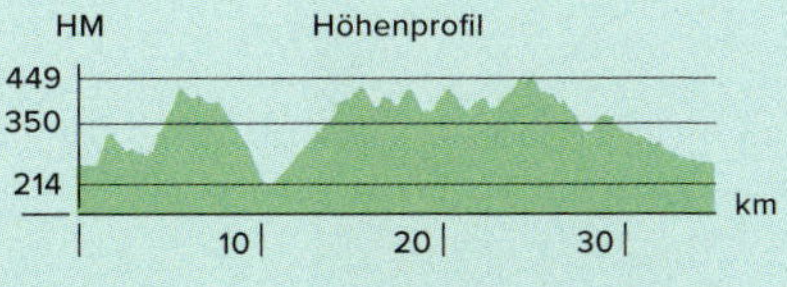

SEHENSWÜRDIGKEITEN
GEFÖRDERT VON DER NRW-STIFTUNG

1. Heesfelder Mühle · Heesfelder Mühle 1 · 58553 Halver
2. Scheuerpfahl
3. Phänomenta
4. Historische Schützenhalle · Reckenstraße 6 · 58511 Lüdenscheid
5. Stilleking · 58515 Lüdenscheid
6. Gerichtslinde

Das denkmalgeschützte Ensemble der Heesfelder Mühle ist ganzjährig ein wunderbares Ausflugsziel.

SCHLAUCHAUTOMAT
• Andys Radsport • Staberger Straße 35a • 58511 Lüdenscheid

E-BIKE-LADESTATION
• Rathaus Lüdenscheid • Rathausplatz 2a • 58507 Lüdenscheid

2014 machte die NRWRadtour Station an der Heesfelder Mühle.

Ganz ehrlich: Gehen Sie gut trainiert, ausgeruht und mit vollen Speichern in die Tour. Wärmen Sie sich ausgiebig auf, joggen Sie ein paar Meter, schwingen Sie im Wechsel ein Bein von vorne nach hinten und zurück, machen Sie Strecksprünge oder Kniebeugen. Die ersten 6 Kilometer gehen nämlich direkt in die Vollen, bis zu diesem Punkt haben Sie bereits zwei heftige Anstiege hinter sich – die Prozentzahlen erspare ich Ihnen an der Stelle besser. Wahrscheinlich kommen Sie selbst bei voller E-Bike-Unterstützung ordentlich ins Treten und Schwitzen. Nutzen Sie deshalb nach der ersten Bergetappe einen Stopp an der **Heesfelder Mühle** 1 als Verschnaufpause. Das denkmalgeschützte Ensemble besteht aus einer Wassermühle, einer alten Schule und einem Kornspeicher. Als Zeitpunkt der Entstehung wird die mittelalterliche Periode zwischen 1300 und 1400 vermutet. Die Geschichte danach ist wechselvoll: Erst war die von der Hälver angetriebene Mühle eine Getreidemühle, später eine Ölpresse und ab 1850 schließlich eine Knochenmühle.
Heute wird die Heesfelder Mühle vom gleichnamigen Verein geführt, der seit seiner Gründung 1989 nicht nur die Gebäude aufwendig restauriert, sondern auch zahlreiche Naturschutzprojekte angestoßen hat. Die Renaturierung der Hälver ist dabei ebenso Bestandteil des Programms wie die Umwandlung von Monokulturen in gesunde Laubmischwälder. Im Erdgeschoss ist die Genussmühle eingerichtet, in der Sie sich mit

Erzeugnissen regionaler Biolandwirte eindecken können. Hier lädt auch das **Café „Heimatliebe"** zum Einkehren ein - jedoch nur samstags von 13 bis 18 Uhr und sonntags von 10 bis 18 Uhr.

Anstieg Nummer zwei. Schaffen Sie, halten Sie durch! Denken Sie immer daran, dass es danach bergab geht - von der Spitze bis nach Schalksmühle ganze 4 Kilometer. Ein großes Aber schiebe ich hinterher, denn wie die Steigung ist die Neigung nicht ohne. Bleiben Sie also hochkonzentriert und jederzeit bremsbereit beziehungsweise drosseln Sie das Tempo zwischendurch, zumal Sie auf der Straße unterwegs sind. Langsamer werden Sie am vorgelagerten Wanderparkplatz Rotthausen erst mal wie von allein, denn da steht tatsächlich eine riesengroße Bürste am Weg. Die Schnitzerei am Holzgriff verrät zumindest, dass es sich um einen **Scheuerpfahl** 2 handelt. Die Recherche danach gab mehr Aufschluss: Die Bürste ist Teil des Projekts „Scheuerpfähle fürs Volmetal", zu dem sich Schalksmühle, Halver, Kierspe und Meinerzhagen zusammengeschlossen haben. Insgesamt 20 Scheuerpfähle sollen auf Besonderheiten im Volmetal hinweisen, als Landmarke dienen oder zur Reflexion einladen. Eine ungewöhnliche Idee, die definitiv im Kopf bleibt!

Anstieg Nummer drei fordert Sie über 5 Kilometer von Schalksmühle bis Heedfeld heraus. Danach geht die Tour zwar munter hoch und runter weiter, aber hinter die schlimmsten Abschnitte können Sie einen dicken Haken setzen. Bevor Sie nach Lüdenscheid hineinfahren, befindet sich an der Abbiegung in die Straße Im Olpetal das **Restaurant „Heerwiese"**, eine echte Institution der Stadt und schon fast 60 Jahre in Familienbesitz. Serviert wird klassische deutsche Küche mit mediterranem Einfluss, die - liebevoll zubereitet und angerichtet - Gaumen und Augen gleichermaßen erfreut. Möchten Sie sich lieber innenstadtnah stärken: Von alteingesessenen **Gasthäusern, Bistros** und **Cafés,** vom Italiener, Griechen oder Chinesen bis zu regionaler Küche ist für jeden Geschmack etwas dabei.

TIPP Kirschblütenfest, Apfelsammlung, Kürbismarkt und Winterzauber: Der Veranstaltungskalender der Heesfelder Mühle ist prall gefüllt. Schauen Sie doch mal rein: www.heesfelder-muehle.de.

Immer wieder ein beeindruckendes Bild, wenn sich der Tross der NRWRadtour gut gelaunt durchs Land bewegt.

INFO Wollen Sie mal einen Blick in die Speisekarte werfen? Aber gern doch: www.heerwiese.de. Ganz unten finden Sie auch die Öffnungszeiten.

Folgen Sie dem Ruf des Pendelturms in die Phänomenta!

Wenn Sie sich dem Lüdenscheider Zentrum nähern, lockt der Pendelturm der **Phänomenta** 3 Sie zu sich, auch wenn er einen Hauch abseits der Strecke ist. In diesem interaktiven Museum erleben Sie Wissenschaft mit eigenen Händen, Augen und Ohren. Rund 180 Stationen laden zum Anfassen und Staunen ein: Lassen Sie beispielsweise Ihre individuelle Farb-DNA ermitteln oder überlisten Sie Ihren Schatten und frieren ihn in der Bewegung ein. In der „Nebelkammer" wiederum werden sonst unsichtbare radioaktive Teilchen, die uns überall umgeben, hautnah sichtbar. Magnete, Farben, Strom, Klänge, Zeit: Alles das und noch viel mehr wird spannend und anschaulich erklärt.

Die Route führt Sie weiter in die Stadt hinein und über den großen Schützenplatz zur denkmalgeschützten **Historischen Schützenhalle,** 4 die Sie wegen ihrer exponierten Hügellage schon von Weitem sehen. Sie wurde 1899/1900 vermutlich nach dem architektonischen Vorbild des ehemaligen Londoner „House of Lords" erbaut und ist ein vom Jugendstil beeinflusster neubarocker Großbau nach sakralem Baumuster einer Basilika. Heute wird der riesige prunkvolle Festsaal für Veranstaltungen und Märkte aller Art genutzt. Und wie es sich für eine Schützenhalle nun mal gehört, ist sie fest in die Feierlichkeiten des jährlich stattfindenden Festes der Lüdenscheider Schützengesellschaft eingebunden.

Innen wie außen prunkvoll: die Historische Schützenhalle.

TIPP Achten Sie im Lüdenscheider Innenstadtbereich bitte darauf, dass Sie an wenigen Stellen Ihr Rad schieben müssen.

Direkt hinter Lüdenscheid befindet sich das Hochplateau **Stilleking,** 5 ein ehemaliger Truppenübungsplatz, der seit 1994 als Naturschutzgebiet ausgewiesen ist. In den vergangenen Jahrzehnten haben sich auf dem Areal mit großen Weideflächen und Heidevegetation seltene und zum Teil bedrohte Tier- und Pflanzenarten angesiedelt, beispielsweise die Bodenbrüter

Idylle pur! Und still ist es im Stilleking tatsächlich – nur Vögel zwitschern, das Gras raschelt im Wind und der Wald rauscht.

Wiesenpieper und Feldlerche. Das ganze Jahr über grast dort auch eine Heckrindherde, genannt nach deren Züchtern, den Brüdern Heck. War Ihnen die bisherige „Ochsentour" noch nicht genug, können Sie sich hier auf eine gleichnamige Wanderung begeben. Rund 6 Kilometer lang ist der Weg über das Hochplateau, legen Sie 2,5 Kilometer drauf, umrunden Sie das Naturschutzgebiet komplett. Bei schönem Wetter haben Sie von mehreren Stellen einen herrlichen Blick über den Stilleking und auf Lüdenscheid. Schautafeln am Wegesrand vermitteln Ihnen Wissenswertes zu naturkundlichen und ökologischen Zusammenhängen und darüber, was es mit den Auerochsen und dem Stilleking auf sich hat.

Am Rande der Ochsentour lohnt sich ein Abstecher zur **Gerichtslinde** 6 des Lehngerichts Stilleking, das einmal im Jahr im Freien tagte – jeder, der vom Neuenhofer Gut Land hatte, war zur Teilnahme verpflichtet. Geklärt wurden unter anderem Streitigkeiten zwischen dem Lehnsherrn und seinen Vasallen, Unstimmigkeiten aus Kauf oder Erbfolge und die Übertragung frei gewordener Lehen an neue Bewerber. Von **Schloss Neuenhof,** einem der geschichtlich bedeutsamen Wahrzeichen Lüdenscheids im Elspetal, das wegen seiner Lage und Optik ein beliebtes Fotomotiv ist, radeln Sie nur noch bergab zum Start-Ziel-Punkt zurück. Kommen Sie gut nach Hause!

TIPP Der ideale Einstiegsort ist der Wanderparkplatz Werkshagener Straße. Fernglas und festes Schuhwerk sollten für die Wanderung in Ihrem Radgepäck nicht fehlen. Und bitte füttern Sie die mitunter zutraulichen Heckrinder nicht.

AN- UND ABREISE

Hauptbahnhof Lünen

Parkplatz am Hauptbahnhof Lünen (Münsterstraße 52a)

SCHLAUCHAUTOMAT

- Bike & Outdoor Company · Bornstraße 195 · 44145 Dortmund

E-BIKE-LADESTATIONEN

- Radstation Lünen · Münsterstraße 50 · 44534 Lünen
- Im Spähenfelde 51 · 44143 Dortmund

19

Lünen

Diese Tour bringt unglaublich vieles zusammen: Städte mit Flüssen und Kanälen, die alten Römer mit den Stahlindustriekumpels, die Ruhe der Natur mit urbaner Geräuschkulisse. Und irgendwie kann man sich nicht entscheiden, was davon spannender ist. Packen Sie genügend Proviant an!

45,5 km

2:54 Stunden bei 15,6 km/h

200 Meter **200 Meter**

Auf Seite 6 finden Sie einen Hinweis, wo Sie die GPS-Daten kostenlos herunterladen können.

Erlebnis	●●●○○
Familientauglich	●●●●○
Schwierigkeit	●●○○○
Schwierigkeit E-Bike	●○○○○

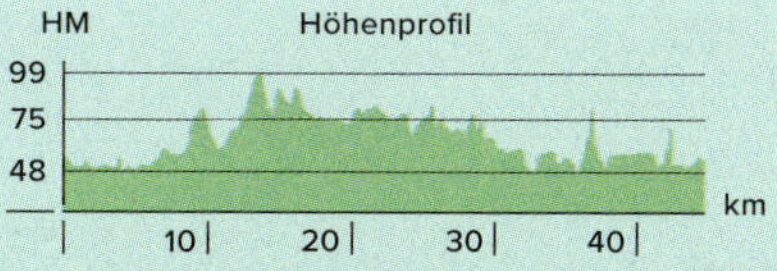

SEHENSWÜRDIGKEITEN

GEFÖRDERT VON DER NRW-STIFTUNG

1. Lippeauen
2. Schlossmühle Lippholthausen · Mühlenweg 1 · 44536 Lünen
3. Westfalenhütte
4. Hoesch-Museum · Eberhardstraße 12 · 44145 Dortmund
5. Landschaft im Fluss
6. Römerpark Bergkamen

Sitzen, staunen und die Hochlandrinder bei der Landschaftspflege in den Lippeauen beobachten: einfach schön!

INFO Mehr über die Lippeauen und die Erlebnisstationen erfahren Sie unter www.luener-lippeaue.de.

Lippeauen. 1 Wie entspannend, entschleunigend und erholsam allein das Wort klingt! Und wissen Sie was: Die Realität ist sogar noch um ein Vielfaches schöner. Kaum sind Sie aus der Stadt raus, radeln Sie entlang üppig bewachsener Uferzonen, durch die sich die Lippe in großen Bögen schlängelt. Über Kulturgeschichte oder Naturphänomene der Lippeauen informieren 16 Rast- und Erlebnisstationen. Ein schöner Halt ist beispielsweise der **Auenblick** direkt auf dem Deich - nicht nur wegen der großen Sitzbank, sondern auch aufgrund des fantastischen Panoramablicks über die Aue und auf eine beeindruckende Industriekulisse. Noch genauer können Sie alles durch das Fernrohr bestaunen, das praktischerweise neben der Bank positioniert ist.

An der nächsten Station zeigt Ihnen der **Lippewasserwürfel,** was genau und in welcher Menge pro Kubikmeter durch das Flussbett fließt, denn nur Wasser ist es nun mal nicht. Spannend ist auch Station 8 an der **Schlossmühle Lippholthausen:** 2 An der Installation können Sie mit eigener Muskelkraft erproben, welche Kraft Wasser aufbringen müsste, um das „Mühlstein-Mahlwerk" in Gang zu setzen. Apropos Schlossmühle: Das spätbarocke Fachwerkkleinod wurde 1760 erbaut und gilt als eine der letzten Wassermühlen Westfalens. Bereits in den 1970er-Jahren erfuhr die Mühle eine umfassende Restaurierung und erhielt dabei ein Wasserrad. Doch schon knapp zwei Jahrzehnte später war sie erneut in einem so desolaten Zustand, dass ihr das Aus drohte. Zu ihrer Rettung schlossen sich die Mühlenfreunde Lippholthausen in einem Verein zusammen, kauften der Stadt Lünen die Mühle ab und restaurierten sie sukzessive. Ihr Erfolg? Sie konnten das Sichtmauerwerk im Sockelbereich, die Fachwerkwände im Erdgeschoss und das Dach dauerhaft konservieren. Heute ist die Schlossmühle eine begehrte Location für Hochzeiten und das Erdgeschoss wird als Versammlungsraum zur Verfügung gestellt.

Die folgenden Kilometer führen Ihnen die Kontraste in dieser Region überdeutlich vor Augen: Die dörflich-ländlich geprägte Landschaft geht nahezu fließend in die nächste Großstadt über. Sogenannte Bundeswasserstraßen wie der Datteln-Hamm-Kanal kreuzen Ihren Weg und verschiedene Autobahnen kreuzen sich über Ihnen. Und ehe Sie sich's versehen, sind Sie in Dortmund, passieren beschauliche Wohnviertel und idyllische Kleingartenanlagen, um plötzlich am Gelände der ehemaligen **Westfalenhütte** 3 anzukommen. 1871 von der Unternehmerfamilie Hoesch gegründet, ging sie kurz vor der Jahrtausendwende im Thyssen-Krupp-Konzern auf, große Teile der Hütte wurden abgebaut, nach China verschifft und dort wieder errichtet. Damit endete zwar die aktive Zeit der Stahlkocher in Dortmund, aber das Interesse an der Geschichte und am Wandel blieb.

Getragen von ehemaligen Hoeschianern wurde deshalb 2005 im Portierhaus das

INFO Gehen Sie im Hoesch-Museum auf eine Zeitreise durch 160 Jahre Stahlgeschichte in Dortmund: www.hoeschmuseum.dortmund.de.

Hoesch-Museum (4) eröffnet. Seit 2009 wird die Ausstellung durch ein virtuelles 3-D-Stahlwerk bereichert, das nicht nur die Geräuschkulisse einer echten Hütte simuliert, sondern darüber hinaus ermöglicht, selbst in die Produktion einzugreifen. 2014 erweiterte der interaktive Film „Wir kochen Stahl" das 3-D-Stahlwerk, in dem Claus Dieter Clausnitzer (Vadder Thiel aus dem Münster-„Tatort") am Schmelzofen steht. Doch für die Elektroblechlegierung fehlen einige Zutaten. Also schickt er als Johann, der Koch, die Zuschauer auf eine virtuelle Reise in verschiedenste Abbaugebiete, um benötigte Rohstoffe zu besorgen ... Superspannend, nicht nur für Kinder! Selbst das **Portierhaus** als Werkseingang zur Westfalenhütte ist sehenswert. Zwischen 1912 und 1914 errichtet, war die Architektur danach eine Art Blaupause für weitere Werkszugänge. In erster Linie wurden hier die Marken der Stahlarbeiter und somit ihre Anwesenheit kontrolliert. Was es sonst noch darin gab? Das Lohnbüro, einen Speisesaal und die Räume der Werkspolizei samt einer Arrestzelle.

SEHENSWERTES AM WEGESRAND Im Brauerei-Museum in der ehemaligen Hansa-Brauerei (Steigerstraße) erfahren Sie Wissenswertes über die Brautradition in Dortmund und im Ruhrgebiet. www.brauereimuseum.dortmund.de

Für viele Teilnehmer ist die NRWRadtour eine feste Größe in ihrer Jahresplanung.

Sind Sie fußballverrückt, können aber beim Sightseeing über bestimmte Vereins- und Farbvorlieben hinwegschauen? Dann gehört **Pommes rot-weiß** an der Oesterholzstraße zum Pflichtprogramm – entweder machen Sie auf dem Weg zur Westfalenhütte oder danach einen Abstecher dorthin, der Standort wird von der Streckenführung umrahmt. Die damalige Kneipe „Der Wildschütz" ist die Geburtsstätte des BVB, seit 2003 hat im Erdgeschoss der Kultimbiss sein Zuhause. Und wer auf Currywurst mit Pommes hereinspaziert, wird durch zahlreiche schwarz-gelbe Devotionalien an den Dortmunder Heimatclub erinnert.

Links der Logistikpark, rechts Bahnschienen: In einem großen Bogen umfahren Sie das Gelände der Westfalenhütte, unterqueren die B 236 und sind wieder in eher ländlich geprägten Orten unterwegs. Kurz bevor Sie an der Seseke Richtung Bergkamen abbiegen, lohnt sich ein Blick in das weite Flussbett: Mittendrin befindet sich eine künstlich angelegte Insel, die 2010 im Rahmen

INFO Mittelalterlager, antike Kampfspiele, Römerfest: Übers ganze Jahr locken Veranstaltungen in den Römerpark. Wann genau? Das finden Sie hier: www.roemerpark-bergkamen.de.

Immer im Mai wird die Saison im Römerpark Bergkamen eröffnet. Bis September laden viele Veranstaltungen zu einer spannenden Zeitreise ein.

der Ausstellung „Über Wasser gehen" entstand. Auf der **Landschaft im Fluss** 5 sind ungewöhnliche Bäume wie Sumpfzypressen gepflanzt und mit Schachtelhalm und anderen teils sehr alten Pflanzenarten kombiniert. Schön anzuschauen und ein tolles Fotomotiv!

Von neuerer Industriegeschichte machen Sie in Bergkamen einen großen Sprung in die Zeit von 11 bis 8/7 vor Christus. Damals befand sich hier das größte römische Militärlager nördlich der Alpen, gegründet von Nero Claudius Drusus, einem Stiefsohn von Kaiser Augustus: Auf 56 Hektar verteilten sich zwei Legionen mit circa 12.000 Mann, dazu gesellten sich Hilfstruppen. Im **Römerpark Bergkamen** 6 wird deren Leben simuliert. Von den Bauten ist zwar nichts mehr erhalten, aber es gibt eine 35 Meter lange, begehbare Rekonstruktion der wehrhaften Holz-Erde-Mauer, die ursprünglich auf 2,7 Kilometern das Lager beschützte. Zusammen mit einem archäologischen Lehrpfad, der zu den bedeutendsten Fundorten des Römerlagers führt, erhalten Sie einen hervorragenden Einblick in die römische Geschichte von Bergkamen und der Region.

Noch ein wenig Genussradeln entlang des Datteln-Hamm-Kanals und durch die Lippeauen und Sie sind wieder in Lünen. Auf den letzten Metern und in unmittelbarer Nähe gibt es einige **Restaurants** quer durch die Küchen der Welt. Oder Sie machen vorher an der Lippe eine letzte Picknickrast ...

AN- UND ABREISE

- Hauptbahnhof Paderborn
- P Parkplätze am Hauptbahnhof Paderborn (Bahnhofstraße)

E-BIKE-LADESTATIONEN

- Rathausplatz Salzkotten · Marktstraße · 33154 Salzkotten
- Wewelsburg · Burgwall 17 · 33142 Büren
- Genusswerkstatt · Mallinckrodtstraße 6 · 33178 Borchen

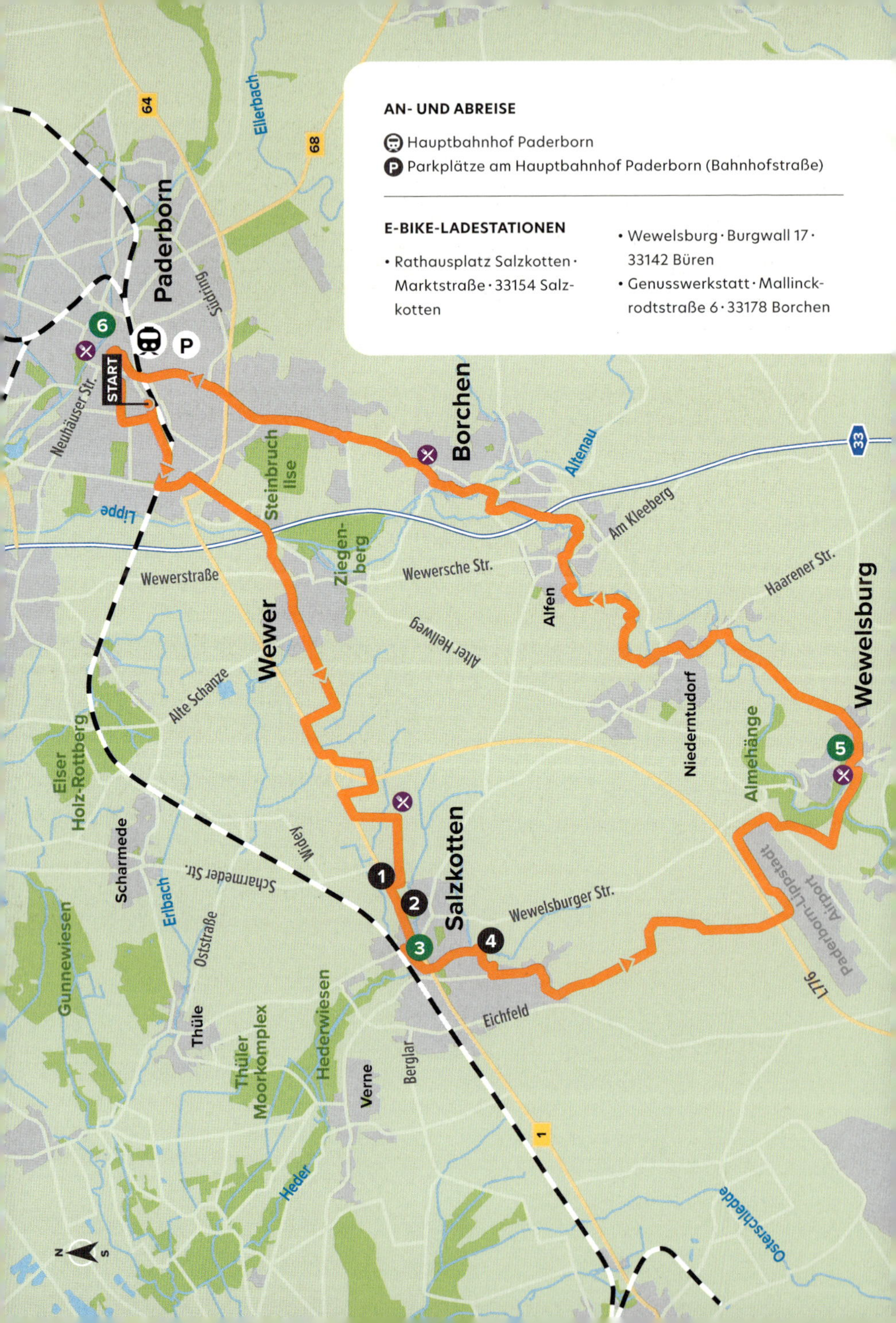

20

Paderborn

Drei ordentliche, zum Teil echt knackige Anstiege, die mehr als 300 Höhenmeter mit sich bringen, und eine Länge von 47 Kilometern: Diese Route fordert von Ihnen einiges an Muskelkraft und Kondition. Belohnt werden Sie aber immer wieder mit idyllischen Passagen, auf denen Sie entspannt dahinrollen.

47,1 km

2:53 Stunden bei 16,3 km/h

↗ 330 Meter **↘ 330 Meter**

Auf Seite 6 finden Sie einen Hinweis, wo Sie die GPS-Daten kostenlos herunterladen können.

Erlebnis	●●●○○
Familientauglich	●◐○○○
Schwierigkeit	●●●●○
Schwierigkeit E-Bike	●●○○○

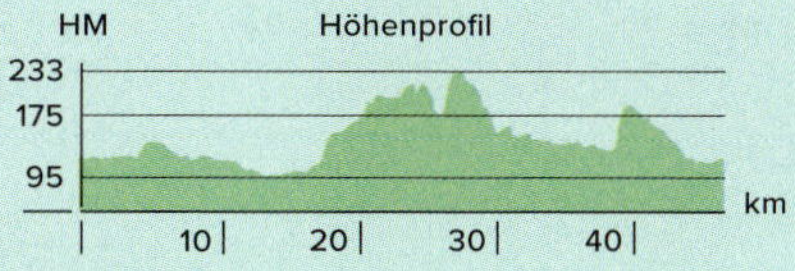

SEHENSWÜRDIGKEITEN

GEFÖRDERT VON DER NRW-STIFTUNG

1. Burg Dreckburg
2. Ölmühle
3. Gradierwerk Salzkotten · Salzkottener Saline · 33154 Salzkotten
4. Naturschutzgebiet Sültsoid
5. Wewelsburg · Burgwall 19 · 33142 Büren
6. 200 Quellen der Pader · Innenstadt · Am Rothoborn 1 · 33098 Paderborn

Herrliche Landschaften vor den Toren Paderborns machen Radfahren zum Genuss.

Zugegeben: Der Start am Bahnhof und die ersten 10 bis 15 Kilometer sind nicht das, was Radlerherzen von der ersten Sekunde an höherschlagen lässt. Erst geht es über eine eher unübersichtliche Kreuzung, danach entlang zweier großer Ausfallstraßen, gefolgt von Dörfern und Feldern an schwach oder wieder stark befahrenen Straßen. An einer Stelle war zum Zeitpunkt der Testtour der Radweg durch eine Bake komplett gesperrt, die Umleitung in wenigen Metern aber sofort sichtbar. Übrigens: Falls Sie noch Proviant benötigen, steuern Sie die beiden Tankstellen oder einen Discounter fast direkt nach dem Losfahren an.

Kurz bevor Sie ein prachtvoll blühendes Selbstpflückfeld mit Tulpen im Frühling, Gladiolen im Sommer und Sonnenblumen im Herbst sehen und Salzkotten erreichen, lohnt sich ein Abstecher zum **Erdbeerhof Tölle** – er ist gut ausgeschildert und nur wenige Hundert Meter von der Route entfernt. Die namensgebenden roten Früchtchen sind längst nicht mehr alles, was hier angeboten wird: Je nach Saison kommen Him- und Heidelbeeren, Sauerkirschen und Kürbisse dazu. Und Eier von glücklichen Hühnern, die Sie pur oder verarbeitet in Eierlikör und Nudeln erwerben können.

Die Paderborner Fußgängerzone lädt zum Bummeln und Genießen ein.

Ab hier wird die Tour richtig schön: Die Radwege sind gepflegt und gut befahrbar, warten allerdings durchaus mit längeren Anstiegen auf. Am Ortseingang von Salzkotten leuchtet Ihnen **Burg Dreckburg** 1 mit ihrer strahlend weißen Fassade entgegen. 1386 erstmals erwähnt, wurde sie 2008 anlässlich ihres 650-jährigen Bestehens um einen Wassergraben an der Nordseite ergänzt, sodass die mächtige Turmburg nunmehr ein Wasserschloss ist. Es befindet sich zwar in Privatbesitz, auf dem Gelände an den Wirtschaftsgebäuden finden jedoch regelmäßig Ausstellungen, Konzerte und Feste statt.

Rechts am Ende des Franz-Kleine-Parks befindet sich eine historische **Ölmühle.** 2 Obwohl das nicht zu 100 Prozent stimmt: Ja, im Osten der Stadt am jetzigen Ölweg stand mal eine Mühle, die aber 1863 aufgegeben wurde. Der Förderverein für kulturhistorische Bauten und Bauwerke stellte sich 1986 die herausfordernde Aufgabe, wieder eine Mühle aufzubauen, und erwarb das technische Innenleben einer alten Ölmühle aus Wewelsburg. 1994 wurde auf der Handwerksinsel das Gebäude mit charakteristischem Mahlwerk eröffnet. Direkt neben der Mühle können Sie außerdem eine Holzschuhmacherwerkstatt, ein Backhaus und eine Stellmacherei mit Schmiede besichtigen.

INFO Auf der Handwerksinsel finden an jedem ersten Sonntag von April bis Oktober die „Mühlensonntage" statt.

Fix die B 1 kreuzen, ein winziges Stück am Flüsschen Heder entlang, schon sind Sie am **Gradierwerk Salzkotten,** 3 das 1997 zum 750. Stadtgeburtstag errichtet wurde. Die Solequellen in der Umgebung und das daraus gewonnene Salz ließen Salzkotten im Mittelalter wirtschaftlich erblühen - genau daran erinnert die Saline. Nach historischem Vorbild wurde sie in Holzbauweise errichtet, das Wasser der Heder speist die Anlage. Dienten Gradierwerke früher dazu, das weiße Gold zu gewinnen, sind sie heute Oasen der Ruhe und des Wohlbefindens. Denn durch die feine Zerstäubung von Salz in der Luft entsteht ein gesundes Mikroklima - ähnlich der Nordseeluft. Waten Sie nach einem Wandelgang am besten noch durch die direkt danebenliegenden

Das Gradierwerk wurde nach historischem Vorbild in Holzbauweise errichtet.

Die mächtige Wewelsburg thront auf einem Hügel über dem Tal der Alme, einem Zufluss der Lippe.

INFO Regelmäßig werden in der Wewelsburg abwechslungsreiche und spannende Sonderausstellungen präsentiert, die den thematischen Kontext der Dauerausstellungen aufgreifen. www.wewelsburg.de

Kneipp-Becken. Gesünder kann eine Erholungspause wirklich kaum sein.

Zurück im Sattel gelangen Sie durch die Hederaue in das **Naturschutzgebiet Sültsoid.** 4 Auf dem etwa 16 Hektar großen Sumpfgelände mit Solequellen gedeihen salzliebende Pflanzen, die sonst nur an der Meeresküste zu finden sind. Wenn Sie mögen: Ein rund 3 Kilometer langer Lehrpfad gibt Auskunft über dieses außergewöhnliche landschaftliche Kleinod. Nach einem Ententeich verlassen Sie die Heder in östlicher Richtung und passieren den Flughafen Paderborn-Lippstadt. Ihr nächstes Etappenziel: die Wewelsburg. Der Weg hinauf mit bis zu 12 Prozent Steigung saugt ordentlich Power aus den Beinmuskeln und dem E-Bike-Akku. Zeit zum Nachladen? Folgen Sie der Beschilderung in Richtung Burg-Parkplatz. Rechts an der Burgmauer lässt es sich auf der schönen Holzterrasse der **Gastronomie an der Wewelsburg** bei Burgfrauenkuchen, Bauernbroten, Flammkuchen und Kaffeespezialitäten gut aushalten. Und während dieser Auszeit tankt Ihr E-Bike neuen Saft für die letzten Kilometer.

Bevor Sie jedoch weiterradeln, versäumen Sie es nicht, die **Wewelsburg** 5 mit ihrer einzigartigen Geschichte zu besuchen! Die einzige Dreiecksburg Deutschlands in noch heute geschlossener Bauweise wurde zwischen 1603 und 1609 im Stil der Weserrenaissance erbaut. An ihre wechselvolle Geschichte erinnern zwei Dauerausstellungen: Das modernisierte Historische Museum des Hochstifts Paderborn richtet den Blick sowohl auf die Entwicklung des Fürstbistums als auch auf die Entstehung der Wewelsburg. Auf dem Burgvorplatz rollt eine Erinnerungs- und Gedenkstätte die Geschichte der Nationalsozialisten und der Schutzstaffel (SS) in dieser Gegend auf: Heinrich Himmler wollte die Burg zu einer Versammlungs- und Ausbildungsstätte umgestalten und ließ für die geplanten Maßnahmen in der Nähe ein Konzentrationslager errichten. Dokumente, Uniformen und Baupläne zeugen von dieser dunklen Zeit.

Kilometerweit rollen Sie nun erst auf einer gut ausgebauten und trotzdem wenig genutzten Straße bergab und dann entlang unzähliger Obstwiesen und Kopfweiden. Nach Überquerung der Altenau wird die Tour wieder städtischer. In Borchen können Sie in der **Genusswerkstatt** im historischen Mallinckrodthof einen fantastischen Mix aus bodenständiger westfälischer und französischer Küche - ja, im wahrsten Sinne des Wortes - genießen und spazieren im Anschluss durch den angrenzenden Park. Oder Sie kehren ein klitzekleines Stückchen nördlich im **Landhaus-Café** ein.

Die Einfahrt in Paderborn über die Borchener Straße ist durch Gewerbegebiete und die Aussicht auf einen Steinbruch geprägt. Keine Sorge, das Stück liegt bald hinter Ihnen! Spätestens die Innenstadt stimmt Sie wieder glücklich, selbst wenn Sie Ihr Rad durch die Fußgängerzone schieben müssen: Hier sind über 20 historische Gebäude zu finden, beispielsweise der romanisch-gotische Dom, das Rathaus im Stil der Weserrenaissance und die über **200 Quellen der Pader,** 6 die mittendrin sprudeln. Trieben die Quellen mit ihrem schnell fließenden Wasser früher zahlreiche Mühlen an, lädt das Gebiet heute zum Ausruhen ein. Und zum Schlemmen in einem der **Restaurants** und **Biergärten.** Von hier aus sind die letzten Kilometer bis zur Bahnhofstraße im Nu abgespult ...

INFO Die Öffnungszeiten der Genusswerkstatt sind sehr radtourenfreundlich, ändern sich saisonal aber etwas. Fahren Sie entweder auf gut Glück hin oder googeln Sie vorab, wann beispielsweise Ruhetage sind.

INFO Die Pader gilt als kürzester Fluss Deutschlands, denn nach gerade mal 4 Kilometern mündet sie in die Lippe.

Das Paderquellgebiet bildet einen ruhigen Gegenpol zum geschäftigen Treiben der Stadt.

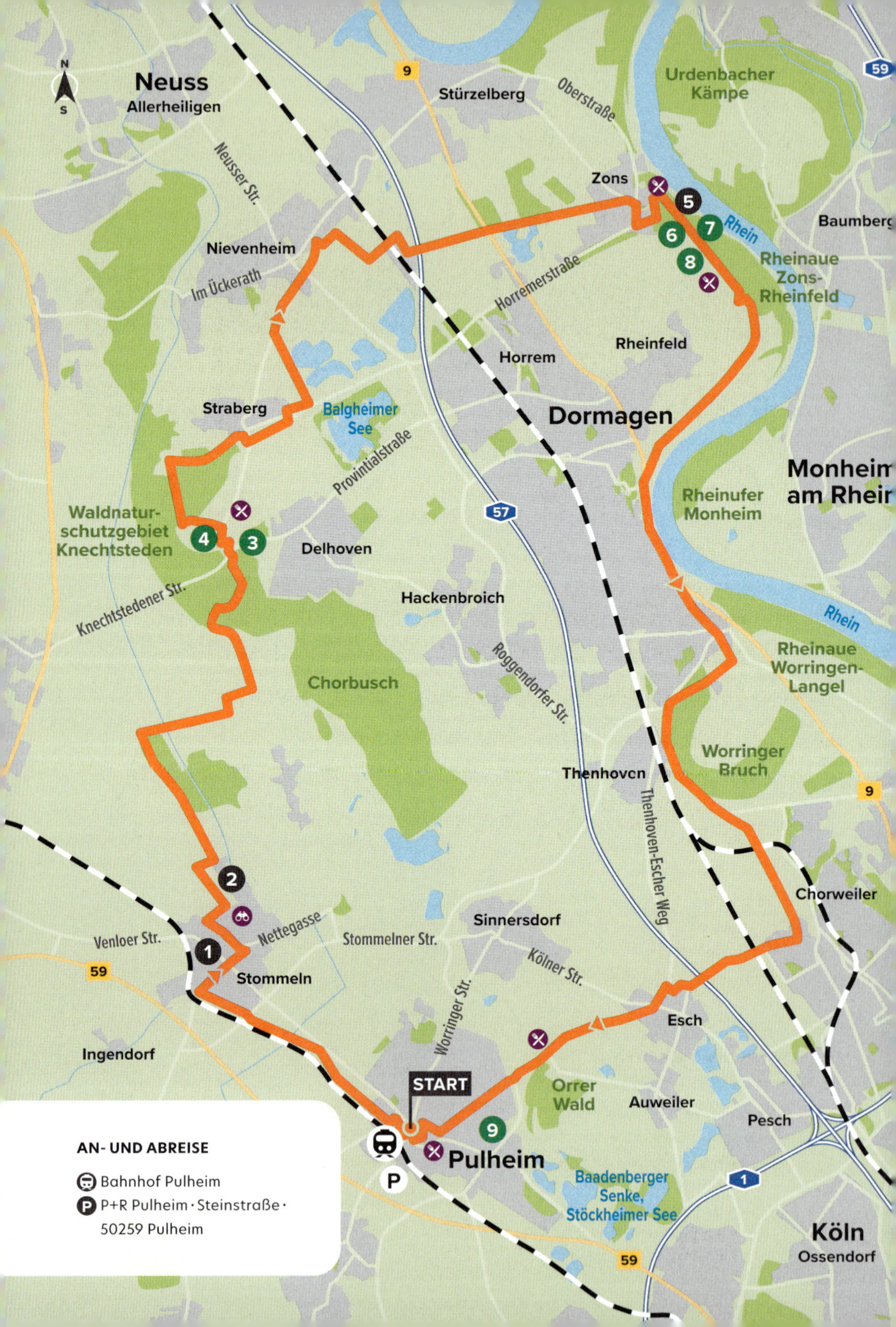

AN- UND ABREISE

Bahnhof Pulheim

P+R Pulheim · Steinstraße · 50259 Pulheim

21

Pulheim

Gegenwind formt nicht nur den Charakter, sondern auch so manche Radlerwade. Er und die mit 50 Kilometern eher lange Distanz machen diese Tour etwas anspruchsvoller – Sie brauchen auf jeden Fall eine gute Grundkondition. Für Erholung zwischendurch sorgen aber die zahlreichen Sightseeing-Pausen.

50,2 km

3:16 Stunden bei 15,4 km/h

140 Meter ↗ **140 Meter** ↘

Auf Seite 6 finden Sie einen Hinweis, wo Sie die GPS-Daten kostenlos herunterladen können.

Erlebnis	●●●○○
Familientauglich	●●●○○
Schwierigkeit	●●○○○
Schwierigkeit E-Bike	●○○○○

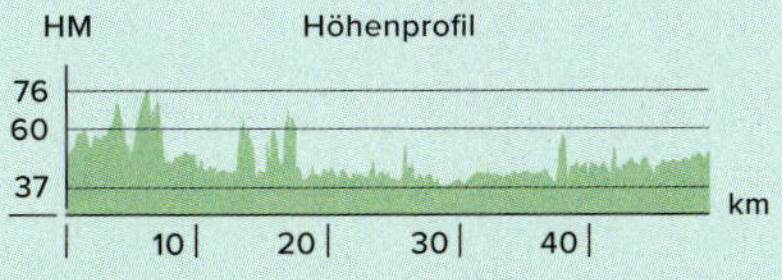

SEHENSWÜRDIGKEITEN
GEFÖRDERT VON DER NRW-STIFTUNG

1. Windmühle Stommeln
2. Hangkante Stommeln
3. Kloster Knechtsteden · Kloster Knechtsteden 1 · 41540 Dormagen
4. Haus der Natur – Biologische Station im Rhein-Kreis Neuss · Kloster Knechtsteden 1 · 41540 Dormagen
5. Zollfeste Zons
6. Historische Windmühle Zons · Mühlenstraße 28 · 41541 Dormagen
7. Stadtmauer der Zollfeste Zons
8. Tastmodell Zons · Vor dem Rheintor 3 · 41541 Dormagen
9. Altes Rathaus · Alte Kölner Straße 26 · 50259 Pulheim

Die Gewölbebasilika des Klosters Knechtsteden ist eines der bedeutendsten sakralen Bauwerke in der Region.

E-BIKE-LADESTATIONEN

• Kraftrad-Zweiradmarkt • Industriestraße 24 • 50259 Pulheim
• Rheintorvorplatz in Zons • Herrenweg 2 • 41541 Dormagen

INFO Jeweils am Tag des offenen Denkmals kann die Windmühle Stommeln mit Führung besichtigt werden.

Schnell noch mal die Satteltaschen gecheckt, ob alles Notwendige parat ist, den Helm gerichtet – und schon radeln Sie die ersten Kilometer durch die Ackerlandschaft, die die Umgebung von Pulheim ausmacht. Im Zentrum von Stommeln kommen Sie direkt an der **Windmühle,** 1 dem Wahrzeichen des Ortes, vorbei. Deren Anblick lässt Sie vielleicht stutzen: glänzende Flügel aus Metall? Ja, das ist eher selten, aber tatsächlich keine moderne Konstruktion. Vielmehr wurde damit eine historische Rarität wiederhergestellt: Bereits 1937 erhielt die 1860 erbaute Mühle ihre ungewöhnlichen Flügel aus Aluminiumplatten. 1975 stellte die Mühle den Betrieb ein und drehte sich bis Mitte der 1990er-Jahre nur noch zu besonderen Anlässen. Sie wurde mehrfach in Teilen saniert und ist bis heute funktionsfähig.
Das Ortsende von Stommeln wird Ihnen höchstwahrscheinlich wegen einer etwas merkwürdigen Aussichtsplattform in Erinnerung bleiben. Vier Stufen gilt es zu „erklimmen", dann entdecken Sie auf der einen Seite in der Ferne den Kölner Dom, auf der anderen ein Waldstück und nach einer 180-Grad-Drehung das Kraftwerk Niederaußem. Das Kuriose: Betreten Sie die Plattform nicht, haben Sie exakt die gleiche Aussicht. Gebaut ist sie an der **Hangkante Stommeln:** 2 Hier floss früher der Alte Rhein vorbei und formte bei seiner Jahrtausende währenden Wanderung nach Osten die

Landschaft, teilweise sind die Altrheinschleifen sogar noch erkennbar. Verschiedene Informationstafeln vermitteln Wissenswertes über die geologische und kulturhistorische Entwicklung des Stommeler Buschs.
Links unzählige Felder, Wälder und Streuobstwiesen, rechts ein Golfplatz, schließlich der Knechtstedener Wald - und schon sind Sie am wunderschönen Areal des **Klosters Knechtsteden,** 3 der größten mittelalterlichen Klosteranlage im Erzbistum Köln. Deren Gewölbebasilika, die ab 1130 vom Prämonstratenser-Orden erbaut wurde, gehört zu den bedeutendsten sakralen Bauwerken der Region und erhielt 1974 wegen ihrer kunstgeschichtlichen Bedeutung und der Tradition als Wallfahrtsort zum Gnadenbild „Not Gottes" den päpstlichen Titel „Basilica minor". Nach einem Großbrand im Jahr 1869 wurde das Kloster von der Ordensgemeinschaft der Spiritaner neu aufgebaut und steht seitdem unter ihrer Leitung - lediglich durch den Zweiten Weltkrieg unterbrochen, als das Kloster 1941 beschlagnahmt und enteignet wurde. Als nahezu autonomes Klosterdorf bot Knechtsteden rund 450 Menschen eine Heimat. Im Rahmen der überregionalen Landesgartenschau „EUROGA 2002plus" wurde das Gelände komplett neu gestaltet. Zum Aufenthalt in der Natur lädt unter anderem ein Obstgarten mit über 300 Bäumen und 120 Sorten ein, zu denen alte und für das Rheinland typische Apfel-, Birnen- und Kirschsorten zählen. Die Natur und schützenswerte Lebensräume für Tiere und Pflanzen hat auch der gemeinnützige Verein **Haus der Natur - Biologische Station im Rhein-Kreis Neuss** 4 im Fokus, der seit 2001 in Knechtsteden sein Zuhause hat. Das Team betreut zahlreiche Projekte rund um das Kloster und im gesamten Rhein-Kreis Neuss. Zum Genießen lassen Sie sich im Biergarten des **Klosterhofs Knechtsteden** nieder. Entscheiden Sie sich unbedingt für ein Knechtstedener Schwarzbier statt für ein Radler! Diese Spezialität wird exklusiv durch den Klosterhof vertrieben und ist bei jedem Besuch ein Muss. Passen Sie nur auf, dass Sie dann nicht länger als ursprünglich geplant bleiben ...

SEHENSWERTES AM WEGESRAND Kurz hinter Stommeln führt ein kleiner Weg links zum „Museum of Modern Gartenzaun". Das ist eine kleine private Ausstellung mit beeindruckenden Fotos, die Fernweh wecken. Entspannt auf einem der Stühle sitzend, können Sie sich die Geschichten dazu über QR-Codes auf Ihrem Handy anhören.

INFO Das Kloster ist frei zugänglich, Führungen sind jedoch nur nach vorheriger Anmeldung möglich.
Bitte wenden Sie sich für einen Termin an die Klosterpforte: 02133/869-0.

Kuriosität: Aussichtsplattform an der Hangkante Stommeln.

Die Zonser Mühle gehört zu den Wahrzeichen der Altstadt und wurde aufwendig restauriert.

INFO Geöffnet ist die Mühle am Wochenende von 13 bis 18 Uhr, bei schönem Wetter auch in der Woche. Der Eintritt kostet 1,50 Euro und gegen einen kleinen Obolus per Münzeinwurf lässt ein Elektromotor die Flügel einige Minuten drehen.

So, Beine etwas lockern, rauf auf den Sattel, weiter geht's. Erst einmal am Waldnaturschutzgebiet Knechtsteden und am Straberger See vorbei. Bald darauf lassen Sie Nievenheim hinter sich und steuern auf Zons – ehemals **Zollfeste Zons** 5 – zu. Ich verspreche Ihnen: Im schönsten und historischsten Stadtteil Dormagens mit seinen imposanten Türmen und Toren und den wehrhaften Mauern vergessen Sie die Zeit. Allein durch die verwinkelten engen Gassen zu schlendern, die sich durch die Stadt schlängeln, ist Entschleunigung pur. Gut, dass die auch an den Baudenkmälern vorbeiführen, für die Zons überregional bekannt ist.

Besonders sehenswert sind der Rheinturm aus dem Jahr 1388 und der Juddeturm mit seiner barocken Haube. Und natürlich der aus Basaltquadern und Feldbrandsteinen bestehende **Mühlenturm,** 6 der wahrscheinlich um 1390 als Eck- und Wehrturm der Stadtbefestigung gebaut wurde und bereits damals als Turmwindmühle konzipiert war. Bis 1907 war die Mühle noch in Betrieb, nach ihrer umfassenden Sanierung von 2008 bis 2010 beherbergt sie nun ein kleines Museum. Apropos **Stadtbefestigung:** 7 Sie schließt sowohl die Stadt als auch die Burg ein und wurde als trapezförmiges Rechteck angelegt. Einige Teile der Stadtmauer wurden in den vergangenen Jahren bereits restauriert, allerdings ohne die typische Flora und Fauna, die sich dort etabliert hat, zu schützen. Das ändert sich bei den Mauerabschnitten, die derzeit oder in Kürze bearbeitet werden.

Zons verfügt über eine fast vollständig erhaltene Stadtmauer.

Am Rheintorplatz wird das mittelalterliche Zonser Ortsbild seit 2020 durch ein bronzenes **Tastmodell** 8 auch sehbehinderten und blinden Menschen erschlossen. Sie können auf Fingerkuppen durch die Stadt spazieren, Plätze und Gassen sowie die Größenunterschiede zwischen Häusern und Kirchen erfühlen sowie Wissenswertes zur Architektur und Stadtgeschichte erfahren. Aber auch allen anderen eröffnen sich mit dem Modell

ungewöhnliche Blickwinkel und neue Perspektiven auf das Stadtbild. Zwischen all dem Sightseeing können Sie natürlich in einem der vielen gemütlichen Cafés ein leckeres Stück Kuchen schnabulieren. Oder darf es lieber ein Eis sein? Bei **Eisverliebt** am Rheinturm mit vielen nicht alltäglichen Sorten ist der Name jedenfalls Programm. Doch egal, ob vorher Kuchen oder nicht: Eis geht irgendwie immer ...
Nach dem Zons-Besuch folgen Sie in einem großen Bogen dem Rhein bis nach Alt-Worringen und fahren durch Felder und kleinere Ortschaften nach Pulheim zurück. Aber bitte nicht, ohne im beschaulichen Pulheimer Stadtteil Orr am **Heinenhof** anzuhalten. Ein Grund dafür ist der Bauernladen, in dem Biogemüse aus eigenem Anbau verkauft wird. Ein anderer ist die zum Hof gehörende Mikrobrauerei, die sich der Wiederbelebung historischer Braustile wie dem lange in Vergessenheit geratenen „Kölschen Knupp" verschrieben hat. Andere beliebte Sorten sind das Glöckchen, ein helles Bockbier, das Manneken Pils, ein ungefiltertes Kellerpils, und drei Abteibiere für die ehemalige Benediktinerabtei in Brauweiler.
Kurz vor dem Ziel passieren Sie den Marktplatz von Pulheim mit einem markanten Gebäude: dem denkmalgeschützten **Alten Rathaus.** 9 1924/1925 wurde der zweigeschossige Ziegelbau mit Treppengiebel als Front zum Marktplatz für die Gemeindeverwaltung Pulheim erbaut. Auf der Südseite steht ein Rundturm mit spitzbögigen Öffnungen als Zugangsmöglichkeit zum eigentlichen Haupteingang. Seit 1985 steht das Alte Rathaus unter Denkmalschutz und wurde 2010 nach einer Umbauphase als „Haus der Vereine" eingeweiht, in dem sich heute unter anderem auch das **Wirtshaus am Markt** befindet. Auf den Teller kommen traditionelle deutsche Gerichte – von Himmel un Ähd über Forelle Müllerin bis zum fränkischen Schäufele.
Liebevoll bewirtet, gesättigt und voller neuer Erinnerungen im mentalen Gepäck treten Sie schließlich Ihre Heimreise an.

TIPP Möchten Sie etwas mehr über Zons erfahren? Dann schließen Sie sich am besten einer Stadtführung an. Vielleicht mit dem Zonser Waschweib? Informationen gibt es in der Schlossstraße an der Tourist-Info oder telefonisch unter 02133/2762815.

INFO Der „ProBierGarten" des Heinenhofs ist von Mai bis September an jedem Wochenende geöffnet: freitags und samstags von 17 bis 23 Uhr und sonntags von 14 bis 18 Uhr.

AN- UND ABREISE

Bahnhof Rheda

Parkhaus am Bahnhof Rheda (Bahnhofsplatz 6)

E-BIKE-LADESTATIONEN

- Beckumer Straße 22 · 33378 Rheda-Wiedenbrück
- Mühlenwall direkt an der Ems · Lange Straße 35a · 33378 Rheda-Wiedenbrück

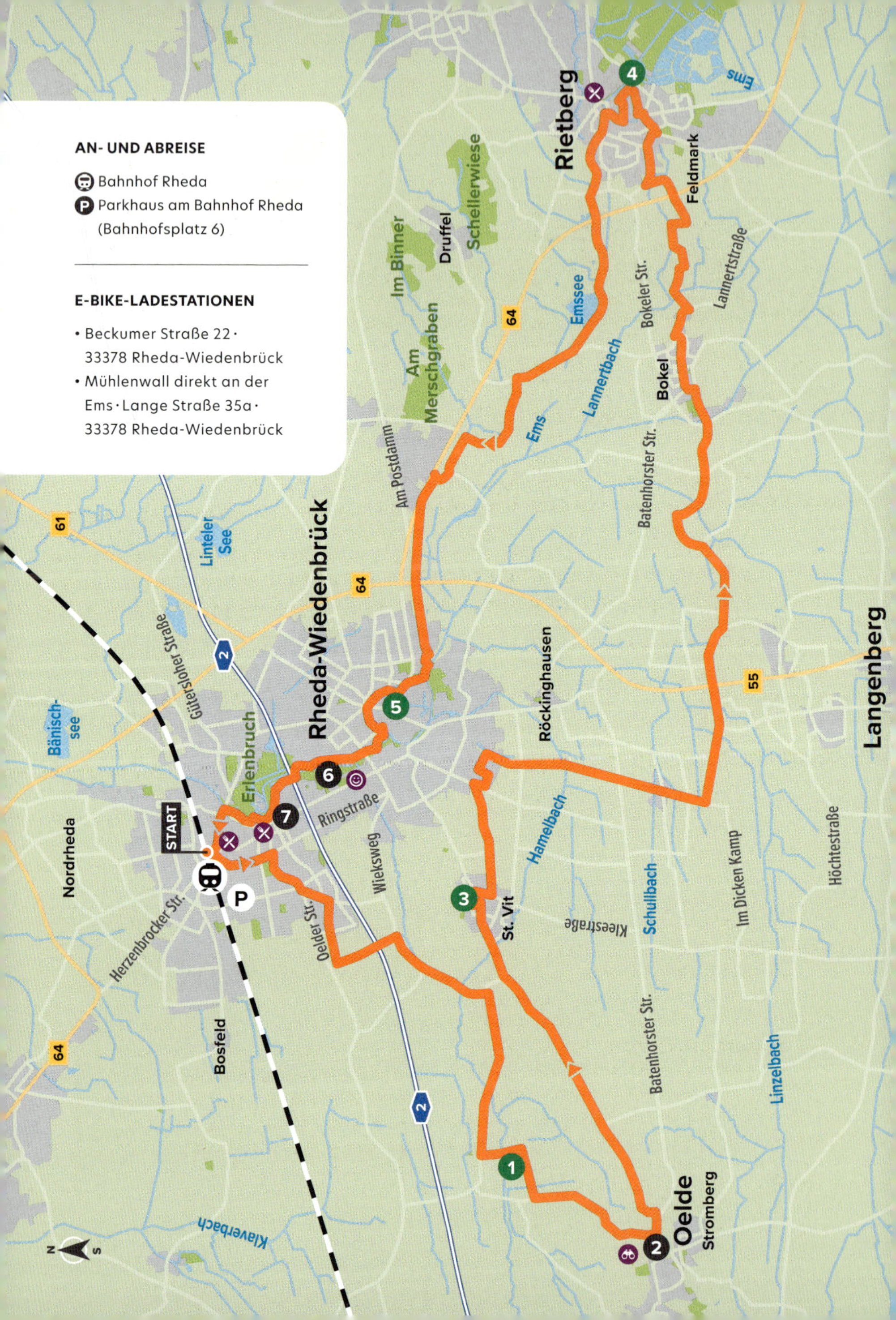

Rheda-Wiedenbrück

Rheda-Wiedenbrück und das ländliche Umland lassen sich wunderbar mit dem Rad erkunden: Die Wege sind überwiegend asphaltiert, die Strecke ist flach. Genießen Sie die Ruhe vom hektischen Treiben der Großstädte und erkunden Sie malerische historische Ortskerne!

47,4 km

2:49 Stunden bei 16,8 km/h

160 Meter **160 Meter**

Auf Seite 6 finden Sie einen Hinweis, wo Sie die GPS-Daten kostenlos herunterladen können.

Erlebnis	●●●●○
Familientauglich	●●●○○
Schwierigkeit	●○○○○
Schwierigkeit E-Bike	●○○○○

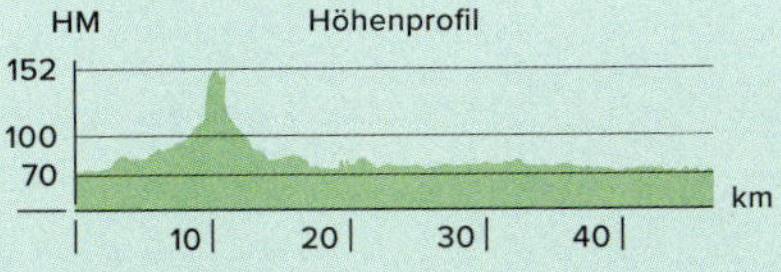

SEHENSWÜRDIGKEITEN

GEFÖRDERT VON DER NRW-STIFTUNG

1. Haus Nottbeck · Museum für Westfälische Literatur · Landrat-Predeick-Allee 1 · 59302 Oelde
2. Aussichtsplattform Stromberg
3. Küsterhaus · Am Lattenbusch 5 · 33378 Rheda-Wiedenbrück
4. Franziskanerkloster · Mönchstraße 19 · 33378 Rheda-Wiedenbrück
5. Wiedenbrücker Schule · Hoetger-Gasse 1 · 33378 Rheda-Wiedenbrück
6. Flora-Westfalica-Park
7. Schloss Rheda

Das Kulturgut „Haus Nottbeck" verbindet herrschaftliches Flair mit bäuerlichem Ambiente.

INFO An der Streuobstwiese können Sie bequem am Tisch picknicken. Zur richtigen Jahreszeit kommt das Dessert dann frisch vom Baum. www.kulturgut-nottbeck.de

Bei den Vorrecherchen zum Buch schlug mir Google eine auf den ersten Blick ungewöhnliche Eingabe vor: „Was ist schöner? Rheda oder Wiedenbrück?" Ich war irritiert, erfuhr aber schnell, dass Rheda-Wiedenbrück in der jetzigen Form eine recht junge Stadt ist, die erst 1970 durch die kommunale Neugliederung mit Eingemeindungen entstanden ist. Also: auf dem Papier und gesetzlich jung, aber im wahrsten Sinne des Wortes mit einer langen Geschichte gesegnet, wie viele Sehenswürdigkeiten dieser Tour belegen. Die von Google vorgeschlagene Frage kann ich Ihnen übrigens nicht beantworten. Beide Stadtteile ziehen mit ihren historischen Gebäuden in den Bann und im Umkreis gibt es ebenfalls unglaublich viel zu entdecken.

Aber Sie sind erst mal am Start - und der ist in Rheda. Die hübsche Altstadt heben Sie sich allerdings für später auf. Ihr erstes Etappenziel ist das Kulturgut **Haus Nottbeck,** 1 ein ehemaliges Rittergut, das gemütlich zwischen Streuobstwiesen und Feldern ruht. Die Geschichte der alten Wasserburg reicht bis ins 14. Jahrhundert zurück, seit dem 15. Jahrhundert befand sich das Gut im Besitz der Adelsfamilie von Oer und um 1800 entstand das eindrucksvolle klassizistische Herrenhaus. 1987 ging der alte Rittersitz in den Besitz des Kreises Warendorf über, in den Folgejahren wurden die alten Mauern liebevoll saniert und restauriert. Dennoch war die weitere Nutzung lange Zeit unklar, bis hier 2001 das **Museum für westfälische Literatur** mit spannenden Wechselausstellungen eröffnet wurde, in dem unter anderem Lesungen, Büchermärkte und Konzerte stattfinden.

Eine schöne Gelegenheit für ein Picknick bietet die **Aussichtsplattform Stromberg** 2 am Pflaumenwanderweg im weiteren Verlauf der Route. Bei etwas Wetterglück haben Sie von der Plattform freien Blick bis weit ins Münsterland. Sitzgelegenheiten und ein Tisch sind direkt daneben. Kurz darauf erreichen Sie St. Vit. Mitten im Kern des kleinen Ortes steht neben der barocken Pfarrkirche das älteste nicht landwirtschaftlich

Im Dorfkern befindet sich das liebevoll sanierte Küsterhaus.

genutzte Haus: Früher wurde das 1658 erbaute **Küsterhaus** 3 als Küsterwohnung, Schule und Übernachtungsmöglichkeit für den in Wiedenbrück lebenden Pfarrer genutzt. Inzwischen steht das Küsterhaus unter Denkmalschutz und wurde durch die Dorfgemeinschaft aufwendig kernsaniert. Im Zuge dieser Arbeiten erhielt die Deele beispielsweise ihre ehemalige L-Form zurück. Heute steht das Küsterhaus als Dorfgemeinschaftshaus den St. Viter Vereinen und Gruppen zur Verfügung. Gäste von außerhalb finden in der Ferienwohnung ein schnuckeliges Zuhause auf Zeit.

Ihre nächste Station ist Rietberg, deren historischer Stadtkern durch die Vergangenheit als Grafschaftsresidenz geprägt ist. Wenn Sie etwas Zeit mitbringen, können Sie in dieses zauberhafte Ambiente abtauchen, denn die Route führt Sie direkt hindurch. Wegen der liebevoll restaurierten Fachwerkgebäude erhielt Rietberg übrigens den Beinamen „Stadt der schönen Giebel". Sehenswerte Baudenkmäler und Wahrzeichen sind das Rathaus, die strahlend weiße Johanneskapelle und die katholische Pfarrkirche St. Johannes Baptist. Gegenüber der Klosterkirche St. Katharina steht mit dem ehemaligen **Franziskanerkloster** 4 eines der bedeutendsten

SEHENSWERTES AM WEGESRAND Verlassen Sie St. Vit, können Sie etwas oberhalb der Strecke in einem alten Verstärkeramt auf Zeitreise durch die Radio- und Telefongeschichte gehen. Der Eintritt ist frei. www.verstaerkeramt.eu

INFO Besucher können die Wappenfenster im Rahmen einer Stadtführung des Heimatvereins Rietberg besichtigen. Dazu ist eine telefonische Voranmeldung unter 05244/7322 notwendig.

Die Emsauen sind ein Naturparadies, eine Idylle zum tiefen Durchatmen und Krafttanken.

In jedem Jahr gibt es ein neues Tourtrikot. Wie viele manche Teilnehmer wohl schon in ihrer Sammlung haben?

Baudenkmäler Rietbergs. Bis 1979 nutzten die Franziskaner sowohl die Kirche als auch das Klostergebäude. Mit der Auflösung des Klosters übergaben die Mönche dem Westfälischen Landesmuseum in Detmold wertvolle Wappenfenster zur Aufbewahrung. Dass sie heute wieder an ihrem Ursprungsort zu bestaunen sind, ist dem Engagement des Heimatvereins Rietberg zu verdanken: Nach einer umfassenden Restauration in einer Paderborner Glasmalereiwerkstatt sind die kostbaren Fenster seit 1995 wieder Prunkstück der Klosteranlage, die aktuell das Katholische Jugendwerk beherbergt.
Im Stadtkern von Rietberg finden Sie natürlich zahlreiche Möglichkeiten, sich zu stärken - egal, ob Sie in einem urigen **Wirtshaus** oder in einer **Pizzeria** einkehren oder sich in einer der **Bäckereien** etwas Schnelles auf die Hand holen möchten. Einen Besuch wert sind übrigens auch der **Klostergarten** mit seinem Skulpturenpark und der Gartenschaupark; beides liegt am Rand der historischen Altstadt.
Die Ems begleitet Sie nach Ihrer Erkundungstour aus Rietberg hinaus. Bevor Sie Wiedenbrück erreichen, lohnt sich ein Stopp in der **Imkerei Münstermann,** wo Sie verschiedenste Honigsorten aus eigener Produktion für den heimischen Frühstückstisch kaufen können. In Wiedenbrück erleben Sie erneut zauberhaftes

Altstadtflair, ganze Straßenzüge sind durch Fachwerkhäuser geprägt. An der Rietberger Straße, die Sie ins Zentrum hineinführt, befindet sich das Museum **Wiedenbrücker Schule** 5 in der ehemaligen Werkstatt zweier bedeutender Altarbauer. Das deutschlandweit einzigartige Museum zur Kunstgeschichte des Historismus gibt Einblicke in die Ursprünge der Kunst und des Kunsthandwerks im 18. und 19. Jahrhundert. Die großen Meister der Bewegung „Wiedenbrücker Schule" haben unzählige Kirchen in Deutschland, Europa, den USA, Kanada und China mit ihrer sakralen Handwerkskunst ausgestattet. Doch auch in Wiedenbrück entdecken Sie Denkmäler, die von Künstlern der Wiedenbrücker Schule geschaffen wurden, beispielsweise den „Betenden Landmann" auf dem Marktplatz.

Am Emssee vorbei kommen Sie im idyllischen und 3 Kilometer langen **Flora-Westfalica-Park** 6 an, der Rheda und Wiedenbrück verbindet. Blumenfreunde genießen auf dem Landesgartenschaugelände von 1988 die bunte Pracht im Rosengarten, wer Ruhe sucht, kommt in der Auenlandschaft der Ems und im Erlenbruchwald auf seine Kosten. Kinder werden in der Spielerei, im Seilzirkus oder Streichelzoo oder auf dem Wasserspielplatz glücklich. ☺ Am Ende kommen Sie am **Schloss Rheda** 7 mit seiner Doppelkapelle aus der Stauferzeit, der wertvollen Musikbibliothek und dem malerischen Schlossgarten an. Im Sommer haben Sie hier die Möglichkeit, an einer öffentlichen Schlossführung teilzunehmen oder das charmante **Café Schlossmühle** ✕ zu besuchen.

Die letzten Meter dieser Tour führen Sie an der bezaubernden Rhedaer Altstadt mit ihren schmucken Fachwerkhäuschen vorbei. Übrigens lohnt sich immer auch ein Blick auf das Pflaster vor den historischen Gebäuden: Hier sind Symbole alter Handwerkszünfte abgebildet. Eine letzte kulinarische Pause? Entscheiden Sie selbst, wonach Ihnen gerade der Sinn steht – die Auswahl an **Cafés, Bistros** und **Restaurants** ✕ ist zu vielfältig, um eine ausdrückliche Empfehlung für das eine oder andere auszusprechen.

INFO Möglichkeiten für öffentliche und individuelle Führungen sowie die Öffnungszeiten sind auf der Website des Museums zusammengefasst: www.wiedenbruecker-schule.de.

SEHENSWERTES AM WEGESRAND Von März bis September bevölkern die „Alltagsmenschen" Wiedenbrück: Mehr als 90 Skulpturen an 28 Standorten laden zum Stadtrundgang ein.

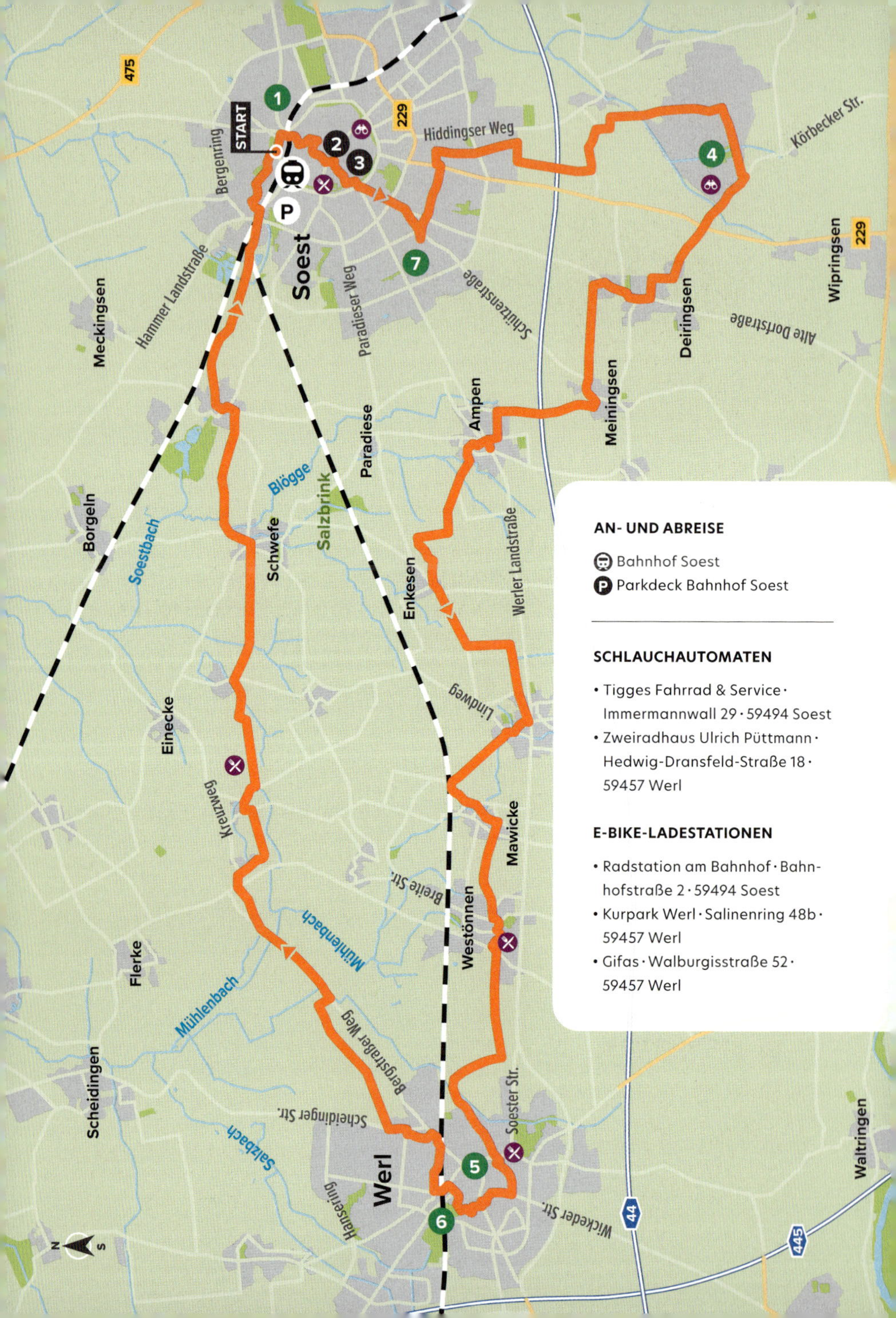

AN- UND ABREISE

Bahnhof Soest

Parkdeck Bahnhof Soest

SCHLAUCHAUTOMATEN

- Tigges Fahrrad & Service · Immermannwall 29 · 59494 Soest
- Zweiradhaus Ulrich Püttmann · Hedwig-Dransfeld-Straße 18 · 59457 Werl

E-BIKE-LADESTATIONEN

- Radstation am Bahnhof · Bahnhofstraße 2 · 59494 Soest
- Kurpark Werl · Salinenring 48b · 59457 Werl
- Gifas · Walburgisstraße 52 · 59457 Werl

23

Soest

Werl und Soest mit ihren zauberhaften Altstädten, zwischendrin die abwechslungsreiche Landschaft der Soester Börde, Wildpferde, die eine neue Heimat erobert haben: Diese Tour bietet Ihnen sowohl Ruhe und Erholung als auch Sehenswertes von damals bis heute. Einfach schön!

48,7 km

2:58 Stunden bei 16,4 km/h

260 Meter **260 Meter**

Auf Seite 6 finden Sie einen Hinweis, wo Sie die GPS-Daten kostenlos herunterladen können.

Erlebnis	●●●○○
Familientauglich	●●●●○
Schwierigkeit	●●○○○
Schwierigkeit E-Bike	●○○○○

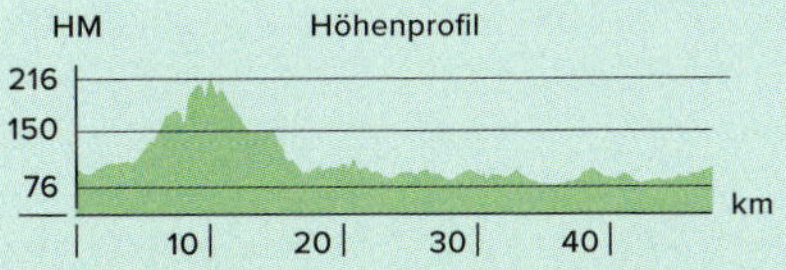

SEHENSWÜRDIGKEITEN

GEFÖRDERT VON DER NRW-STIFTUNG

1. Grünsandsteinmuseum · Walburgerstraße 56 · 59494 Soest
2. Wiesenkirche
3. St.-Patrokli-Dom
4. Naturschutzgebiet Kleiberg
5. Schlossruine Werl · Steinergraben 62 · 59457 Werl
6. Gradierwerk · Salinenring 48b · 59457 Werl
7. Geschichtswerkstatt „Französische Kapelle" · Zur Französischen Kapelle 16a · 59494 Soest

Im Obergeschoss befinden sich Fragmente und Beschreibungen von nicht mehr existierenden Soester Kirchen und Klöstern.

Was typisch für Soest ist? Grüne Steine, wohin man schaut. Denn seit Jahrhunderten bauen die Soester mit Grünsandstein, den es nur hier und in der Umgebung gibt - nirgendwo sonst auf der Welt. Alle Kirchen, historischen Bauten und Mauern sowie 80 moderne Skulpturen bestehen beispielsweise daraus. Selbst heute wird er an vielen Häusern als Schmuckelement verwendet. Einen Einblick in die Geschichte des Materials erhalten Sie im **Grünsandsteinmuseum** 1 kurz nach dem Start der Tour. Dieses Museum entstand auf dem Gelände der Dombauhütte zur Restaurierung der gotischen Kirche St. Maria zur Wiese in einer alten sanierten und umgebauten Fachwerkscheune. Besonderer Magnet ist das Modell einer mittelalterlichen Kirchenbaustelle: So könnte es damals ausgesehen haben, als Steinmetze die Wiesenkirche gebaut haben, die als das bekannteste Grünsandsteingebäude von Soest gilt.

Lassen Sie die Radtour mal kurz Radtour sein und nehmen Sie genau diese **Wiesenkirche** 2 als Ausgangspunkt für einen Bummel durch den mittelalterlichen Stadtkern, denn von ihren Türmen haben Sie einen fantastischen Blick bis weit in die Börde. Schlendern Sie danach gemütlich durch die engen Gassen mit hübschen Fachwerkhäusern, die von Grünsandsteinmauern umgeben sind. Oder umrunden Sie auf der fast vollständig erhaltenen Wallanlage, die von Bäumen und Gärten gesäumt ist, den Stadtkern mit dem mächtigen, satt olivgrün gefärbten **St.-Patrokli-Dom.** 3 Natürlich begegnen Ihnen zig Einkehrmöglichkeiten. Wenn es etwas ganz Besonderes sein soll, entscheiden Sie sich für das **Pilgrimhaus,** in dem bereits seit 1304 Gäste bewirtet wurden, die nach Santiago de Compostela gepilgert sind. Oder für die **Brauerei Christ** mit dem schönsten Biergarten weit und breit.

Raus aus der Stadt, rein in eine kleine Challenge des Tages: Ein etwa 5 Kilometer langer Anstieg möchte von Ihnen gemeistert werden. Keine Sorge! Das klingt beim

INFO Berühmt ist die Wiesenkirche auch wegen des „Westfälischen Abendmahls". Das um 1500 entstandene Glasfenster zeigt Jesus und seine Jünger nicht bei Brot und Wein, sondern bei Pumpernickel, Schinken, Schnaps und Bier.

SEHENSWERTES AM WEGESRAND Werl und Soest liegen am Hellweg, einem uralten Handelsweg. An alte Wegmarken knüpfen zwölf Kunstwerke unter freiem Himmel an. Eines davon ist die Wegmarke „Bodenfaltung" direkt an der Strecke (Körbecker Straße 24, 59519 Möhnesee) - natürlich auf dem Boden. Mehr über den Skulpturenpfad, der in ein Radwegenetz eingebunden ist: www.wegmarken-am-hellweg.de.

Wildpferde haben im Naturschutzgebiet Kleiberg eine Heimat gefunden.

Lesen schlimmer, als es beim Radeln tatsächlich ist. Bis auf einen kleinen Abschnitt, der sich auf 9 Prozent in der Spitze steigert, geht es mit durchschnittlich 3 Prozent eher gemächlich zu. Und landschaftlich mit artenreichen Wiesen, bewaldeten Hängen, Heckeninseln und tief eingeschnittenen Trockentälern äußerst reizvoll. Sie befinden sich nämlich mitten im **Naturschutzgebiet Kleiberg** 4 auf dem ehemaligen Bundeswehr-Truppenübungsplatz Bücke. Hier sind auch seltene Wildpferde der Konik-Rasse zu Hause und teilen sich die Weiden unter anderem mit Taurus-Rindern. Beide Herden sind ganzjährig auf dem Gelände und können von Aussichtspunkten bestens beobachtet werden.
Geht es bergauf, folgt natürlich immer eine Abfahrt – fast 7 Kilometer können Sie Ihr Rad einfach rollen lassen, flach geht es danach durch die grüne und abwechslungsreiche Landschaft der Soester Börde mit ihrem fruchtbaren Ackerland auch weiter. Sind Sie bekennender Schokoholic? Dann muss in Werl-Westönnen der Werksverkauf von **DreiMeister** leicht oberhalb der Route Ihr Ziel sein – biegen Sie an der Westönner Kirchstraße rechts in die Weststraße ab. Allein die große Pralinentheke wird Ihre Entscheidungsfreude definitiv auf eine harte Probe stellen.

INFO Der Werksverkauf von DreiMeister ist montags bis freitags von 10 bis 12.30 Uhr und von 13 bis 16 Uhr geöffnet.

Nach etwa 30 Kilometern seit dem Start erreichen Sie die Wallfahrtsstadt Werl: Seit über 350 Jahren führt das Marien-Gnadenbild Pilger nach Werl; die Stadt gilt

Pilgergruppe am Brunnen vor der Wallfahrtsbasilika „Mariä Heimsuchung" in Werl.

SEHENSWERTES AM WEGESRAND Neben dem Turm sind zahlreiche unterirdische Hallen und Gänge erhalten, in denen bis ins 19. Jahrhundert Gefangene ausharren mussten. Diese Werler Unterwelt erleben Sie bei der etwa zweistündigen Führung „Kerker, Ketten, Katakomben". Dieses schaurig-faszinierende Abenteuer können Sie hier buchen: www.werl.de/freizeit-tourismus-kultur/stadtfuehrungen.

heute als drittgrößter Marien-Wallfahrtsort Deutschlands und ist seit dem Mittelalter Station auf dem Jakobsweg nach Santiago de Compostela. Wie Soest zeichnet sich Werl durch eine äußerst sehenswerte Altstadt mit herrschaftlichen klassizistischen Gebäuden, liebevoll restaurierten Fachwerkhäusern, idyllischen kopfsteingepflasterten Gässchen und zahlreichen **Restaurants** und **Cafés** aus. Wie in Soest empfehle ich Ihnen einen Spaziergang, für den Sie die eigentliche Route verlassen müssen. Dann entdecken Sie beispielsweise die **Schlossruine Werl** 5 beziehungsweise den letzten erhaltenen Turm des ehemaligen Kurfürstlichen Schlosses, das 1522 nach kurzer Bauzeit im für die Region typischen Grünsandstein fertiggestellt wurde und den Erzbischöfen bei ihren Werl-Besuchen als Residenz diente. Im Siebenjährigen Krieg Mitte des 18. Jahrhunderts wurde das Gebäude stark beschädigt, verfiel mehr und mehr und wurde ab 1825 zum Großteil abgetragen. In der Gegenwart hat es sich der Förderverein Kurfürstliche Schlossruine Werl zur Aufgabe gemacht, den Turm zu erhalten und umfangreich zu sanieren sowie ihn zugänglich und begehbar zu machen.

Werl ist jedoch nicht nur ein bekannter Wallfahrtsort, sondern blickt auch auf eine jahrhundertelange Tradition als Salzstadt zurück. Schon um 4000 bis 3000 vor Christus gewannen Siedler am Salzbach das „weiße

Gold", die neuere Salzgewinnung wird erstmals um 850 erwähnt. Mit der wirtschaftlichen Krise Ende des 19. Jahrhunderts begann die Entwicklung Werls vom Sälzerdorf zum Solebad, das 1888 gegründet wurde. Wegen der nachlassenden Solekonzentration wurde das Bad jedoch nach dem Zweiten Weltkrieg geschlossen. Ihren Lungen können Sie aber immer noch etwas Gutes tun: Im direkt an die Altstadt angrenzenden Kurpark - die Route führt Sie direkt daran vorbei - können Sie am **Gradierwerk** 6 entlangflanieren, das 1999 als Nachbau errichtet wurde und an die Zeit der Salzgewinnung erinnert. Genießen Sie an diesem Ort der Ruhe eine erholsame Pause und atmen Sie tief die gesunde salzhaltige Luft ein.

Das Flanieren in der salzhaltigen Luft des Gradierwerks garantiert eine erholsame Pause.

Hinter Werl sind Sie wieder mitten in der Soester Börde und können beim Radeln die Seele baumeln lassen. Sind Sie an einem Mittwoch, Donnerstag oder Freitag unterwegs, freuen Sie sich auf einen kulinarischen Stopp im Hofcafé des **Hofes Rüsse-Markhoff,** der Ende des 18. Jahrhunderts erbaut wurde und sich seitdem in Familienbesitz befindet. Ob Brot, Suppe im Glas, Frischkäse oder geräucherte Würste: Alles wird hier hergestellt - es ist wirklich ein Ort von Genießern für Genießer. So aufs Feinste verwöhnt fallen die verbleibenden circa 8 Kilometer bis zum Ziel danach umso leichter.

Etwas Entdeckenswertes neuerer Geschichte abseits der Strecke ist die **Geschichtswerkstatt „Französische Kapelle"** 7 als ein Ort der Begegnung, des Erinnerns und der Kultur. Die Kapelle ist ein 1940 von kriegsgefangenen französischen Offizieren gestalteter Gebetsraum unter dem Dach einer Kaserne, die ab 1939 als Offiziersgefangenenlager der Wehrmacht diente. Im Block 3 der Kaserne entsteht derzeit ein Museum, das sich mit der langen Historie und der mehrfachen Transformation der Kaserne beschäftigt.

Die Wallfahrtskirche „Mariä Heimsuchung" in Werl beheimatet das berühmte Gnadenbild der „Trösterin der Betrübten", das das Ziel vieler Pilger ist.

Schon sind Sie am Ziel, so schnell können fast 50 Kilometer Radtour zu Ende sein. Vom Beginn wissen Sie, dass die Innenstadt nicht weit entfernt ist - lassen Sie den Tag in dieser zauberhaften Atmosphäre ausklingen.

AN- UND ABREISE

Hauptbahnhof Witten

Parkplatz Muttental (Auf Steinhausen)

SCHLAUCHAUTOMAT

- Grünstraße 51 · 45525 Hattingen

E-BIKE-LADESTATION

- Zollhaus an der Lakebrücke · Insel 1 · 58456 Witten

24

Witten

Viel Natur, jede Menge Wasser und feine Sightseeing-Highlights: Diese Tour macht rundum Freude. Sehr angenehm ist auch, dass bis auf einen Anstieg die Strecke flach ist. Packen Sie trotz unzähliger Genussmöglichkeiten am Wegesrand unbedingt ein Picknick ein – die Seebuchten sind einfach zu schön.

34,3 km **Fähre**

2:10 Stunden bei 15,9 km/h

230 Meter ↗ **230 Meter** ↘

Auf Seite 6 finden Sie einen Hinweis, wo Sie die GPS-Daten kostenlos herunterladen können.

Erlebnis	●●●●○
Familientauglich	●●●●○
Schwierigkeit	●●○○○
Schwierigkeit E-Bike	●○○○○

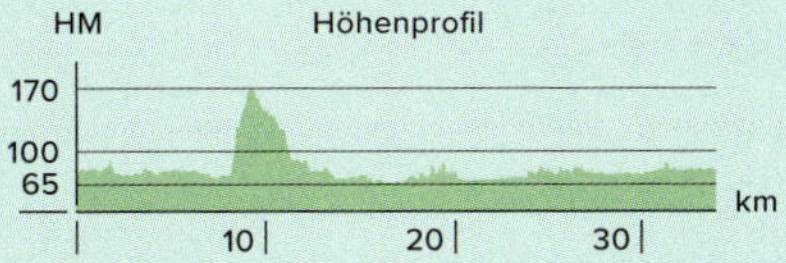

SEHENSWÜRDIGKEITEN

GEFÖRDERT VON DER NRW-STIFTUNG

1. Gruben- und Feldbahnmuseum Muttenthal · Nachtigallstraße 27 · 58452 Witten
2. LWL-Museum Zeche Nachtigall
3. Burg Hardenstein · Hardensteiner Weg · 58456 Witten
4. Haus Herbede
5. Kemnader Stausee
6. Haus Kemnade
7. Burg Blankenstein
8. LWL-Museum Henrichshütte · Werkstraße 31–33 · 45527 Hattingen

90 Lokomotiven und etwa 200 Waggons umfasst die Sammlung.

Idyllischer und vielleicht sogar historischer kann ein Startpunkt kaum gewählt sein: Umgeben von Wiesen und Feldern und mit der Ruhr vor der Tür hat hier das **Grubben- und Feldbahnmuseum Muttenthal** 1 sein Zuhause, das seit 1989 und in der Nähe der bereits 1892 stillgelegten Zeche Theresia Bergbaugeschichte lebendig werden lässt. Die vier Gebäude sind unterschiedlich gestaltet und spiegeln Bauweisen des 18. und 19. Jahrhunderts wider – es gibt ein Fachwerkhaus mit Holzverkleidung, einen Backsteinbau und zwei Sandsteinhäuser. In den Ausstellungsräumen gewinnen Sie einen Einblick sowohl in die Geschichte als auch in die Gegenwart der Gruben- und Feldbahnen. Auf den Bahngleisen können Sie einen Großteil der Fahrzeugsammlung besichtigen, die insgesamt 90 Lokomotiven und circa 200 Waggons umfasst.

Herzstück des Museums ist zweifellos die knapp 2 Kilometer lange Vorführstrecke vom Parkplatz Nachtigallstraße bis zum **LWL-Museum Zeche Nachtigall.** 2 Genau hier nahm vor mehr als 300 Jahren der Ruhrbergbau seinen Anfang, zunächst mit waagerechten Stollen, dann grub man senkrechte Schächte in die Erde, um das „schwarze Gold" zutage zu fördern. Im 130 Meter langen Nachtigallstollen erleben Sie die typische Atmosphäre; natürlich tauschen Sie dafür Rad- gegen Kumpelhelm. Bei einem geführten Rundgang lernen Sie die Arbeit mit Abbauhammer und Pressluftbohrer kennen. Eine interessante Zeitreise, die garantiert in Erinnerung bleibt!

INFO Veranstaltungen und Workshops im LWL, Termine, Abfahrtszeiten und Preise der Bahn finden Sie unter www.muttenthalbahn.org und www.zeche-nachtigall.lwl.org.

Einmal mit der Ruhrtalfähre übersetzen, auf der anderen Seite die Ruine der einst stolzen **Burg Hardenstein** 3 erahnen, kurz darauf die Lakebrücke über- und die A 43 unterqueren: Schon sind Sie am Kemnader Stausee, dem blauen Juwel des Ruhrgebiets. Halt, nicht so schnell! Gönnen Sie sich doch eine kleine Auszeit im **Zollhaus an der Lakebrücke.** Das preußische Brückenwärterhaus wurde im 19. Jahrhundert erbaut; bis 1930 musste an dieser Stelle noch Brückenzoll entrichtet werden. Geld wechselt hier auch heute noch den Besitzer - aber der Tausch gegen selbst gebackenen Kuchen und andere Köstlichkeiten ist mehr als lohnenswert. Ein weiterer Pluspunkt sind die ausflugsfreundlichen Öffnungszeiten, denn das Zollhaus-Team ist täglich von 11 bis 19 Uhr für seine Gäste da.

Von der Burg Hardenstein sind noch Teile des Mauerwerks und der einstigen Toranlagen sowie zwei Türme zu besichtigen.

Wenige Meter darauf radeln Sie am **Haus Herbede,** 4 dem ältesten Gebäude von Witten vorbei. 1200 wurde es erstmals urkundlich erwähnt und über Jahrhunderte war es Herrschaftsmittelpunkt und Sitz der Gerichtsherren von Herbede. Jetzt beherbergt es unter anderem eine Dokumentation der Geschichte des Hauses und eine Galerie mit wechselnden Ausstellungen. In den Vorburg-Ateliers bieten diverse Künstler und Kunsthandwerker ihre Kreationen an - von Schmuck und Kleidung über Zeichnungen und Grafiken bis zu Glas- und Keramikobjekten.

Im Außenbereich von Haus Herbede werden zahlreiche Industrieskulpturen präsentiert.

Jetzt aber wirklich: **Kemnader Stausee.** 5 Er entstand Ende der 1970er-Jahre durch das Anstauen der Ruhr und ist inzwischen nicht nur in den warmen Monaten ein beliebtes Erholungs- und Ausflugsziel. Der Radweg ist durchgängig sehr gut ausgebaut und für Fußgänger und Fahrradfahrer getrennt (selbst wenn sich nicht alle an ihre Seite halten). Auch hilfreich: In mögliche Gefahrenstellen sind durch Pflastersteine Bremshinweise eingebaut. So lässt es sich fantastisch dahinrollen, bis Sie **Haus Kemnade,** 6 eine alte Wasserburg, erreichen. Als Zeugnis

Der Kemnader Stausee: das blaue Juwel des Ruhrgebiets.

der Baukultur von der Gotik bis zur Renaissance steht es unter Denkmalschutz. Herausragend sind beispielsweise der Rittersaal im ersten Obergeschoss mit seiner prächtigen Stuckdecke und dem großen Wappenkamin und die gotische Kapelle im Erdgeschoss. Besonders mit Kindern lohnt sich der Besuch des hinter der Burg gelegenen **Bauernhausmuseums,** das die Lebensgewohnheiten des 18. und 19. Jahrhunderts auf faszinierende Weise präsentiert.

GASTRO-TIPP Leckereien für den kleinen oder großen Hunger werden Ihnen im Restaurant in den Gewölben oder auf der Terrasse von Haus Kemnade serviert. www.haus-kemnade.de

Groß Anlauf nehmen können Sie für die nun folgende Bergetappe leider nicht. Langsam steigern geht auch nicht – die Herausforderung lautet: von 0 auf bis zu 17 Prozent. Nach 1,5 Kilometern haben Sie den anstrengendsten Teil der Tour aber bravourös gemeistert, entweder kurbelnd oder schiebend, was letztlich komplett egal ist. Schon von Weitem haben Sie immer wieder die **Burg Blankenstein** 7 im gleichnamigen Hattinger Stadtteil im Blick. Bei Lust, Muße und genügend Kraft in den Beinen lassen Sie die Strecke Strecke sein und machen einen Abstecher dorthin. Noch höher hinaus geht es dann nur beim Aufstieg auf den Torturm. Ruhrtal, Kemnader See, das alte Dorf Stiepel, die Gethmannschen Gärten: Die Aussicht ist schlichtweg sensationell.

Ein weiteres Highlight an der Strecke ist das **LWL-Museum Henrichshütte,** 8 ein ehemaliges Hüttenwerk, das 1854 gegründet wurde. Bis zu 10.000 Menschen haben früher hier gearbeitet, sie haben Erz und Kohle gefördert, Koks, Eisen und Stahl produziert, es wurde gegossen, gewalzt und geschmiedet. Ab 1987 erloschen nach und nach die Feuer und Funken auf der Henrichshütte, beginnend mit Hochofen 3, dem ältesten seiner Art im Ruhrgebiet. Heute erzählt das 50.000 Quadratmeter große Areal von der harten Arbeit der Kumpel und den rauchenden Schloten an der Ruhr: Bei einem Rundgang oder einer Führung staunen Sie über gewaltige Gasmaschinen, genießen den Panoramablick vom 55 Meter hohen Hochofen und erleben in der Schaugießerei das Fließen von Metall. Und mit Blick in die Gebläsehalle lässt es sich im **Restaurant „Henrichs"** speisen.

Zum dritten Mal geht es über die Ruhr, die Sie mal mehr, mal weniger direkt zurück zum Kemnader Stausee begleitet. Beeindruckend ist jedes Mal aufs Neue das mächtige Wasserrauschen am Stauwehr, idyllisch wenig später die breite Sitzbank mit Blick auf den See in der Nähe eines Spielplatzes – allerdings nur, wenn man Glück hat, dass sie frei ist. Haben Sie bisher alle Kulinariktipps ignoriert und plagt Sie nun doch ein Hüngerchen oder wünschen Sie sich einfach nur ein kühles Getränk, pausieren Sie im **Haus Oveney.** Schon seit dem Wiederaufbau 1874 schlägt hier das Herz für Gastronomie, wie ein Weinglas im Dachgiebel belegt. Selbst wenn das Wetter mal nicht so toll ist, sitzen Sie im Biergarten geschützt und durch Heizstrahler gewärmt bei bestem Blick auf die Kemnade. Im Sommer sind Sie täglich von 10 bis 21 Uhr herzlich willkommen.

In einer Schleife, die wie ein großes U anmutet, führt Sie die Ruhr über die Nachtigallbrücke und die Zeche Nachtigall zurück zum Ausgangspunkt dieser Tour. Vielleicht bummeln Sie zum Abschluss noch ein wenig rund um Schloss Steinhausen und durch den Skulpturengarten?

INFO Ob Bistro- oder Abendkarte, ob Restaurant oder Biergarten: Die Küche des „Henrichs" verwöhnt Sie von 12 bis 21 Uhr.

TIPP In der nordöstlichen Schleife der Kemnade findet jährlich im Spätsommer das „Zeltfestival Ruhr" statt. An 17 Tagen bieten Kunsthandwerker und Designer ihre Waren an, der Biergarten und ein Strandbereich laden zum Relaxen ein und abends finden Konzerte und Comedy-Shows statt. www.zeltfestivalruhr.de

WDR 4 Sommer Open Airs

Fans der NRWRadtour wissen es längst: Auch wenn eine Etappe hinter ihnen liegt, ist ans Ausruhen nicht zu denken. Denn an allen Tageszielen wartet auf die Sportbegeisterten und alle anderen, die auf gute Musik und viel Spaß stehen, WDR 4 mit den großen „Sommer Open Airs" - kostenlos und unter freiem Himmel.

WDR 4 konnte in den vergangenen Jahren große Künstler mit Lieblingshits der 80er und Klassikern der 60er und 70er auf die Bühne holen, die niemanden stillstehen lassen. Dabei waren Weltstars wie Kim Wilde in Bonn, OMD in Essen und Limahl von Kajagoogoo in Münster. Mit ihren Klassikern traten bereits die Band „The Sweet" und der Künstler Albert Hammond auf der WDR-4-Bühne auf und an weiteren Abenden der NRWRadtour sorgten deutsche Musik-Acts wie Sasha, Laith Al-Deen und Brings für großartige Stimmung.

An den Etappenzielen wartet ein bestens gelaunter WDR-4-Moderator auf die Gäste. In den vergangenen Jahren konnte Bastian Bender seine Radtourtauglichkeit unter Beweis stellen und teilt mit Ihnen in diesem Buch gern seine Lieblingsrouten zum Nachfahren.

WDR 4

Autorendank Der Becker Joest Volk Verlag und ich: Seit Beginn meiner Selbstständigkeit sind wir verbunden, mehr als 200 Bücher habe ich für das Team lektoriert und korrigiert. Dann kam plötzlich der Anruf: „Kannst du dir vorstellen, ein Buch über Radtouren in NRW zu schreiben?" Mein Jubel war für Ralf Joest und Johanna Hänichen Antwort genug. Vielen, vielen Dank für euer Vertrauen in mich!
Gregor Espenkott von WestLotto, Stefan Neubauer und Bettina Schneider von der NRW-Stiftung sowie Kirsten Schmitz, Nora Lanser, Ulf Pohlmeier und Bastian Bender vom WDR 4: Herzlichen Dank, dass Sie der Empfehlung gefolgt sind und sich auf meine Schreibe eingelassen haben. Großen Dank auch für die vielfältige Unterstützung durch ergänzende Informationen und Bildmaterial zu den Stiftungsprojekten! Ein riesiger Dank geht an alle, die Touren mit- oder abgefahren sind und mich mit Beschreibungen und Fotos versorgt haben: Antje Rugullis, Ralf Joest, Gordon Klammer, Rüdiger Rolf, Valerie Mayer, Janpeter Beckmann, Dieter Mayer, Annika Steinacker, Birgit Steinacker, Achim Steinacker, Gabi Heise, Gilla Weiß, Malka Rohan, Verena Krüger, Dani Dulak, Maren Breuer, Karlheinz Schendera, Holger Marcus – Sie alle sind, ihr alle seid Teil dieses Buches. Nicht zu vergessen: Jürgen Klotzbücher und Benjamin Beltz von KOM3. Ihre Planung und Justierung der Routen ist eine wahre Meisterleistung. Danke dafür!
Daneben liegen mir drei ganz große „Danke!" am Herzen. Danke, Dirk! Du warst bei so mancher Tour dabei, obwohl Radeln nicht wirklich deins ist. Danke für deine Geduld und deine Nerven, mich auch in stressigen Phasen auszuhalten, für dein Zurückstecken über viele Monate und deine Extraschichten fürs Testlesen. Danke, liebe Cornelia! Du warst sofort zur Stelle, als es mit dem Abfahren der Touren eng wurde. Und immer wusste ich: Du bist mit meinem Herzen dabei, du nimmst wahr, was ich sehen möchte. Durch deine Fotos, Beschreibungen und Erzählungen war ich immer mit vor Ort. Ein riesengroßer Dank geht an dich, Caroline Mohr, für deine unzähligen tollen Ideen und die liebevolle Gestaltung der Touren! Und dafür, dass du jeden Knoten in meinem Kopf geduldig entwirrt hast!

Verlagsdank Liebe Doreen, deine große Passion fürs Schreiben und fürs Radfahren prägt diese Bücher und macht jede einzelne Tour zu einem besonderen Erlebnis. Danke für dein Engagement, das Herzblut und den immensen persönlichen Zeitaufwand, für deine einladenden Texte mit wunderbar persönlicher Note und für die unermüdlichen haarkleinen Recherchen. Ein ganz besonderes Danke, dass du dich der Mammutaufgabe angenommen hast, die Strecken abzuradeln, um sie auf Herz und Nieren zu prüfen.
Wir danken allen Beteiligten beim WDR und WDR 4, bei WestLotto, der NRW-Stiftung und KOM3 für die hervorragende Zusammenarbeit und tatkräftige Unterstützung: Danke an Kirsten Schmitz, Gregor Espenkott, Stefan Neubauer, Ulf Pohlmeier, Bastian Bender, Jürgen Klotzbücher, Nora Lanser, Benjamin Beltz und Bettina Schneider.
Ein großes „Danke!" auch an alle weiteren Radfahrbegeisterten, die mit ihrer Mithilfe zum Gelingen beider Bücher beigetragen haben. Herzlichen Dank an Melanie van Bentum für die oft knifflige Illustration der Karten. Für ihre unermüdlichen Bemühungen um die außerordentliche Qualität danken wir ganz besonders Caroline Mohr sowie ebenso Valerie Mayer, Markus Neis, Annika Steinacker und Katerina Stegemann.

Museum Peter August Böckstiegel, Bielefeld-Tour

Naturschutzgebiet Kleiberg, Soest-Tour

Gruben- und Feldbahnmuseum Muttenthal, Witten-Tour

Der Erhalt dieser Objekte ist der NRW-Stiftung und der Unterstützung durch WestLotto zu verdanken.

Fotocredits
Seite 2 oben links und unten rechts: NRWRadtour/Bernd Hegert,
Seite 9: iStock/jotily,
Seite 10 unten: NRW-Stiftung/Archiv
Seite 13 oben: NRW-Stiftung/Bernd Hegert,
Seite 13 unten: NRW-Stiftung/Kurt Beyer,
Seite 15: iStock/S-Thomas,
Seite 13 unten: NRW-Stiftung/Kurt Beyer,
Seite 19: NRWRadtour/Bernd Hegert,
Seite 22 oben: NRW-Stiftung/Lars Langemeier,
Seite 23 Mitte: NRW-Stiftung/Bernd Hegert,
Seite 28: NRW-Stiftung/Werner Stapelfeldt,
Seite 29 unten: NRW-Stiftung/Bernd Hegert,
Seite 30 unten: NRW-Stiftung/Werner Stapelfeldt,
Seite 37: NRW-Stiftung/Werner Stapelfeldt,
Seite 39 oben links: NRW-Stiftung/Werner Stapelfeldt,
Seite 39 oben rechts: NRW-Stiftung/Barbara Bouillon,
Seite 39 unten links und rechts: Foto ComFact,
Seite 43 unten: NRW-Stiftung/Werner Stapelfeldt,
Seite 45 unten: NRWRadtour/Bernd Hegert,
Seite 51 oben: NRW-Stiftung/Bernd Hegert,
Seite 53: NRW-Stiftung/Werner Stapelfeldt,
Seite 54 unten: NRW-Stiftung/Peter Hirnschläger,
Seite 55 oben: NRW-Stiftung/Stefan Ziese,
Seite 56: NRWRadtour/Bernd Hegert,
Seite 57: NRW-Stiftung/Werner Stapelfeldt,
Seite 60 oben: NRW-Stiftung/Peter Bankmann,
Seite 60 unten: NRW-Stiftung/Bernd Hegert,
Seite 62: NRW-Stiftung/Hans Hampel,
Seite 67 oben: NRW-Stiftung/Werner Stapelfeldt,
Seite 67 unten: NRW-Stiftung/Helmut Fuchs,
Seite 68 oben: NRWRadtour/Bernd Hegert,
Seite 72 oben: NRW-Stiftung/Werner Stapelfeldt,
Seite 79: NRW-Stiftung/Tanja Stute,
Seite 84 unten: NRW-Stiftung/Werner Stapelfeldt,
Seite 85 unten: NRWRadtour/Bernd Hegert,
Seite 86 Mitte: NRW-Stiftung/Lars Langemeier,
Seite 90 unten: NRW-Stiftung/Förderverein Festung Zitadelle Jülich e. V.,
Seite 91: NRWRadtour/Bernd Hegert,
Seite 92 unten: NRW-Stiftung/Werner Stapelfeldt,
Seite 95: NRWRadtour/Bernd Hegert,
Seite 97: NRW-Stiftung/Werner Stapelfeldt,
Seite 98 unten: NRW-Stiftung/Lars Langemeier,
Seite 101: iStock/querbeet,
Seite 109: ABU Soest
Seite 111: NRW-Stiftung/Stefan Ast,
Seite 112 oben: ABU Soest/Luise Hauswirth,
Seite 112 unten: ABU Soest/Matthias Scharf,
Seite 113 links: ABU Soest/Birgit Beckers,
Seite 113 rechts: ABU Soest/Luise Hauswirth,
Seite 115: NRW-Stiftung/Werner Stapelfeldt,
Seite 116 unten: NRW-Stiftung/Werner Stapelfeldt,
Seite 117: NRWRadtour/Bernd Hegert,
Seite 118 unten: NRW-Stiftung/Lars Langemeier,
Seite 122: NRW-Stiftung/Werner Stapelfeldt,
Seite 123: NRW-Stiftung/Werner Stapelfeldt,
Seite 124: NRWRadtour/Bernd Hegert,
Seite 125: NRW-Stiftung/Bernd Hegert,
Seite 134: NRW-Stiftung/Werner Stapelfeldt,
Seite 136 oben und unten: NRW-Stiftung/Lars Langemeier,
Seite 141: NRW-Stiftung/Waltraud Leskovsek
Seite 142 unten: NRWRadtour/Bernd Hegert,
Seite 143 oben: NRW-Stiftung/Lars Langemeier,
Seite 145: iStock/delray77,
Seite 146: NRW-Stiftung/Lars Langemeier,
Seite 147 oben: NRW-Stiftung/Matthias Scharf,
Seite 148 unten: NRWRadtour/Bernd Hegert,
Seite 156: NRWRadtour/Bernd Hegert,
Seite 158 Mitte: NRW-Stiftung/Matthias Scharf

Impressum

Originalausgabe Becker Joest Volk Verlag GmbH & Co. KG
Bahnhofsallee 5, 40721 Hilden, Deutschland

1. Auflage März 2023
ISBN 978-3-95453-280-3

Autorin Doreen Köstler
Routenerstellung, GPS-Daten Jürgen Klotzbücher, Benjamin Beltz, KOM3 Klotzbücher & Lichtner GbR
Auswahl der Stiftungsprojekte und Prüfung der Routen Stefan Neubauer, NRW-Stiftung
Projektleitung Valerie Mayer
Cover, Layout und Buchsatz Dipl.-Des. Caroline Mohr
Illustration Karten Dipl.-Des. Melanie van Bentum
Bildbearbeitung Dipl.-Des. Markus Neis
Lektorat Doreen Köstler
Druck Firmengruppe Appl, aprinta druck GmbH

BECKER JOEST VOLK VERLAG
www.bjvv.de

PS: Liebe Leserinnen, liebe Leser, lassen Sie uns gern wissen, welches Lohnenswerte wir wo an der Strecke übersehen haben oder an welchen Stellen sich etwas geändert hat. Schicken Sie Ihre Hinweise einfach per E-Mail an info@bjvv.de.

Wir danken unseren Partnern für die tatkräftige Unterstützung:

WEST LOTTO · NRW Stiftung · WDR 4